卓球

勝つための思考と戦術

岸川聖也 著
（元日本代表、日本代表コーチ）

PERFECT LESSON BOOK

【はじめに】

つねに考えてプレーすることが戦術の出発点になる

卓球というスポーツの魅力は、男女を問わず、小さな子どもから高齢者の方まで、幅広い層の人たちが楽しめるという点にあります。他にもさまざまなスポーツがありますが、レベルにかかわらず、生涯にわたって楽しめるスポーツはそれほど多くはありません。以前から日本では卓球が身近なスポーツとして親しまれてきましたが、その理由はそんなところにもあるのではないでしょうか。

同時に、真剣に向き合えば向き合うほど、奥が深いというところも卓球の醍醐味のひとつと言えます。たとえば、「上手くなりたい」、「試合に勝ちたい」と考えて、現在よりも自分の実力を上げるためには、テクニック、戦術、体力など、すべての要素のレベルを上げる必要があります。

そのなかで、本書でクローズアップしたのが「戦術」です。

もしかしたら多くの人は、テクニックのレベルを上げれば強くなれる、あるいは試合に勝てるようになると考えているかもしれません。初級者や中級者のなかに、来たボールをただ打ち返すだけの人が多いのは、テクニックで相手を上回れば試合に勝てると考えている人が多いからではないでしょうか。

しかし、実際は違います。卓球は「テクニックだけでは勝てない」ということを、ここであえて強調しておきたいと思います。

では、勝つためには何が必要なのでしょうか? 私個人としては、「つねに考えてプレーする」ことが、勝利への近道だと考えています。そしてそれこそが、卓球における戦術の出発点であり、戦術の本質なのです。

本書では、試合前の準備段階から、サーブ、レシーブ、3球目、4球目、ラリーと、それぞれの段階における考え方と戦術について詳しく紹介しています。どれも質の高いテクニックが求められることは当然ですが、そのテクニックを試合のなかでどのように生かすかが、実は最も大切なポイントになります。

まずは自分や対戦相手の特徴を知り、お互いのストロングポイントとウィークポイントを頭に入れたうえで、勝つための戦術を考えます。そのためには、日頃の練習から「考えてプレーする習慣」を身につけておく必要があります。つねに考えてプレーできるようになれば、自ずと勝つための戦術が見えてくるはずです。

パーフェクトレッスンブック

卓球　勝つための思考と戦術　目次

第2章 サーブ戦術

第3章 レシーブ戦術

第6章 ラリー戦術

序　章

自分のスタイルを理解する

卓球の戦術を考える時、自分の特徴を理解することが重要になる。
たとえば、自分は攻撃的なのか守備的なのかという基準の他に、
フォアハンドが得意なのかバックハンドが得意なのかなど、
日頃から自分のスタイルを分析し、理解しておくようにしよう。

自分のスタイルを理解することが
戦術の出発点

卓球の戦術を考える前に、まずはそのベースとなる「自己分析」の重要性について触れておきたいと思います。

みなさんは、自分がどのようなタイプの選手か理解していますか？　あるいは、自分が得意とするプレーや苦手としているプレーをわかっていますか？

実は、**卓球の戦術を考える時、「自分のことをどれだけ知っているか」という点が、極めて重要な要素**になります。逆に言えば、自分のスタイルをよく理解していなければ、試合に勝つための正しい戦術を考えることはできません。なぜなら卓球では、自分のスタイルによって戦い方が大きく変わってくるからです。

たとえば、試合になると相手は果敢にあなたの弱点を狙ってくるでしょう。そんな時、自分の弱点や苦手なプレーがわかっていれば事前に対処方法を準備しておくことができますが、それらを理解しないままプレーをしていると、当然ながら相手に得点を与え続けてしまい、試合に勝つことはできません。仮に勢いだけで１、２ゲームを取ることができたとしても、４ゲームを取って試合に勝つことは困難です。

しかし、自分の得意なプレーと苦手なプレーを理解している人は、得意なプレーを生かし、苦手なプレーに持ち込ませないための戦い方を準備しておくことができます。バックハンドが苦手な人であれば、おそらく相手がバック側に返せないようなコースにボールを打つことを心がけるでしょう。また、自分が台のどの位置を基本ポジションにすれば良いのかも、自分の得手不得手によって変わってくるはずです。

このように、まずは自分のスタイルを知っておくことが戦術の出発点になるということを大前提として理解しておいてください。

攻撃的スタイルか、守備的スタイルか、自己分析をする

では、自分のスタイルを分析する時、何をポイントに考えれば良いでしょうか？まずひとつは、自分は攻撃的なスタイルなのか、それとも守備的なスタイルなのか、という点が挙げられます。

攻撃的とはどのようなスタイルかと言えば、**台から下がって（離れて）プレーせず、なるべく台の近くに立って早い打点でボールを打ち返すという「相手に時間を与えない」スタイル**です。このスタイルの代表格としては、日本人では張本《はりもと》智和《ともかず》選手、外国人では中国のファン・ジェンドン（樊振東）選手などがよく知られています。

彼ら攻撃的スタイルの選手たちは、台の近くでプレーすることを基本としている点が最大の特徴です。なぜなら、台から下がってプレーすると相手に時間を与えてしまうので、相手にとってはボールを打ち返しやすく、スマッシュなど強打しやすい状況

が生まれてしまうからです。その状況下で自分が攻め続けることはむずかしいため、攻撃的スタイルの選手は台の近くに基本ポジションをとってプレーします。

それとは対照的に、守備的スタイルとは、**台から下がっても相手の強打をしのぐことができ、さらにチャンスがあれば自分が攻撃に出るというスタイル**です。このタイプの選手としては、日本人では水谷《みずたに》隼《じゅん》選手、外国人ではベラルーシのブラディミル・サムソノフ選手などが有名です。もちろん彼らは世界でもトップレベルの選手なので攻撃も一級品ですが、守備でも得点を取れるのが特徴です。また、このタイプの選手はヨーロッパに多いという傾向もあります。

守備的スタイルの選手は、ブロックといった守備テクニックを得意とし、守備をしながら得点を取ることも得意としています。攻撃的スタイルの相手と対峙しても、守備によってその攻撃をしのぐことができるため、ラリーで相手がミスをしてしまう確率が高まります。

このように、自分が攻撃的スタイルなのか守備的スタイルなのかを分析する時は、得意な立ち位置を基準にすることをおすすめします。台の近くでプレーすることが得

攻撃的スタイルと守備的スタイルを
見極めるポイント

攻撃的スタイル
①卓球台から下がらずにプレーし続けるタイプ
②早い打点で打球するタイプ
③カウンターが得意

守備的スタイル
①卓球台から下がってプレーできるタイプ
②攻撃されても得点が取れるタイプ
③ブロックが得意

意なら攻撃的スタイル、台から下がってプレーする方が得意なら守備的スタイルと言えます。その他にも、攻め続けることが得意なのか、相手に打たれてもブロックなど守備を続けることが得意なのか、という判断基準もあります。

プレースタイルを自己分析する時のその他の基準

自分のスタイルを分析する時のもうひとつのポイントとしては、**サーブで得点を取ることが得意なのか、あるいはサーブはシンプルにしてラリーで勝負する方が得意なのか**、という点が挙げられます。

もちろんレベルの高い選手同士の試合になると、得意なサーブで得点を狙っても、相手がレシーブで返す技術を持っているため、結果的にラリーにつながってしまうケースは少なくありません。しかし、初級者や中級者の試合では、サーブが得意な選手がサービスエースを連発して試合に勝つケースも意外と多いため、こういった自己分析をしっかりしておくことが重要になります。

その他には、**フォアハンドが得意なのか、バックハンドが得意なのか**、という自己分析もしておく必要があるでしょう。

もしフォアが得意なのであれば、ほぼすべてをフォアでカバーすることも不可能ではないですし、あえて苦手なバックを使う必要もありません。逆にバックが得意な人は、台の半分はバックでカバーして、なるべくフォアを使わないという戦い方を選択することもできます。

この場合、いずれもカギとなるのは**基本ポジション（立ち位置）**になりますので、**図1**と**図2**を参考にしてみてください。

いずれにしても、日頃からこのようなポイントによって自分のスタイルを分析しておくことは、試合で勝つためにはとても重要な要素となります。そして、正確に自分のスタイルを分析できてこそ、はじめて自分に合った正しい戦術を考えることができるということを頭に入れておいてください。

図1　フォアハンドが得意な選手の基本ポジション

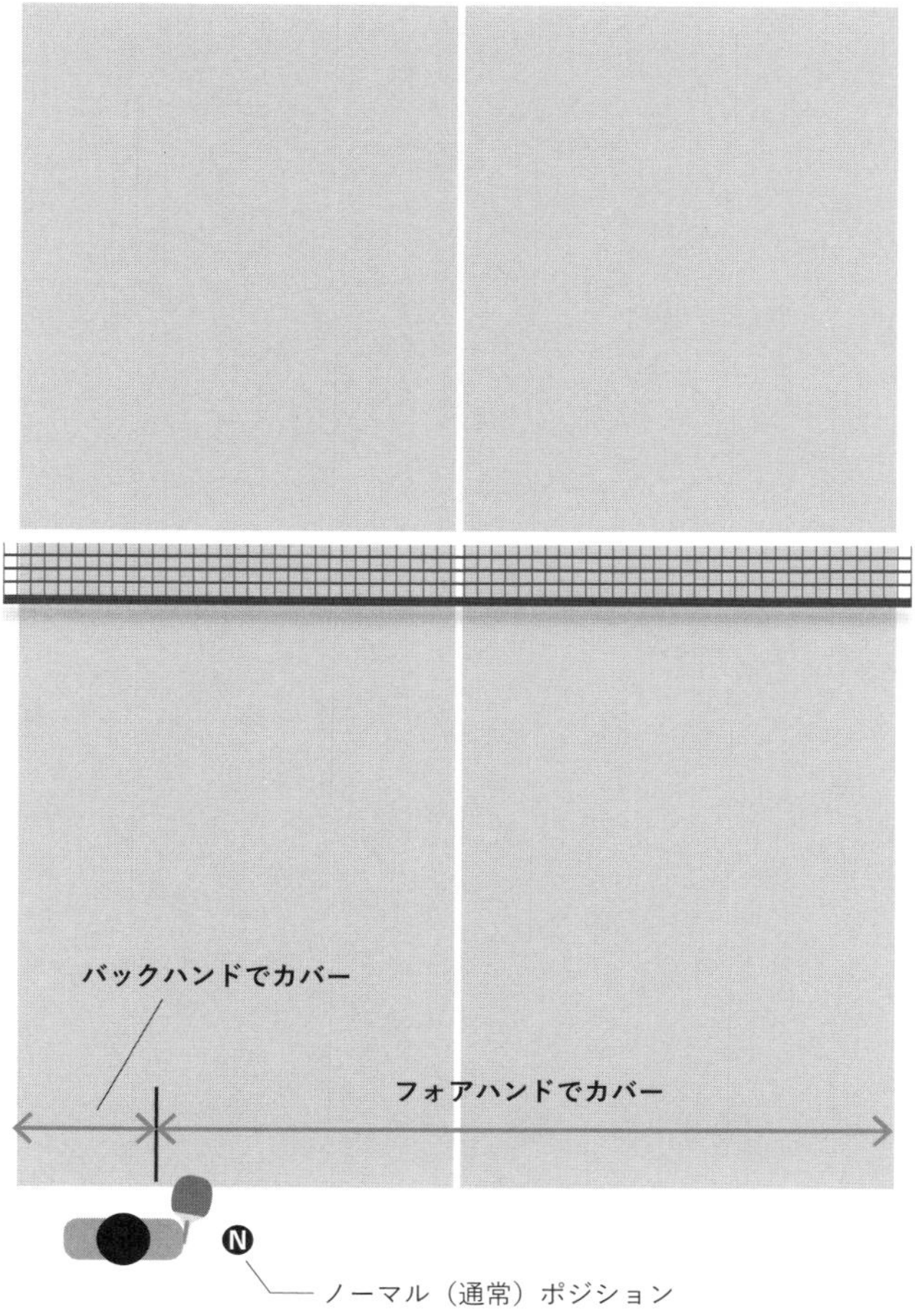

図2　バックハンドが得意な選手の基本ポジション

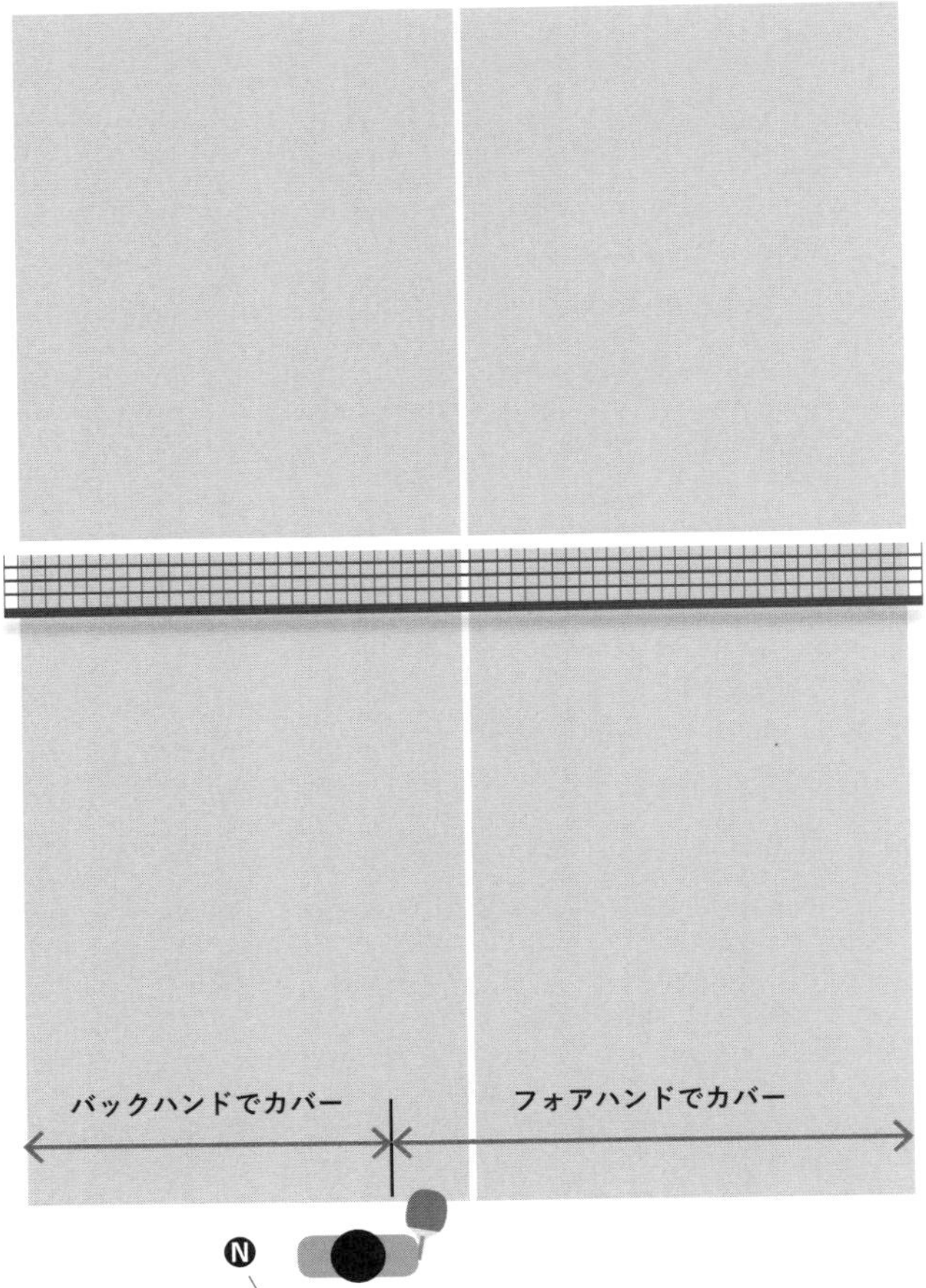

第1章

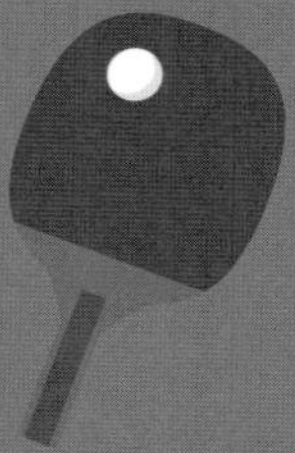

試合前の準備

試合前に必ずしておきたいのが、対戦相手を分析しておくことだ。
相手は右利きなのか左利きなのか、シェークなのかペンなのか、
あるいはフォアハンドが得意なのかバックハンドが得意なのか。
それらの情報が、勝つための戦術を考えるヒントになる。

絶対に勝つという強い気持ちと最後まで自分を信じることが大前提

試合で良いプレーをして勝利するためには、試合前の段階からしっかり準備しておくことが重要になります。逆に言えば、試合前の準備を怠ってしまうと、勝つことがむずかしくなってしまいます。そこで、この章では試合前に準備しておくべきことを挙げておきたいと思います。

まず大前提として覚えておいてほしいのは、「**しっかりとした心構えで試合に臨む**」**ことが勝つための最低条件だ**ということです。たとえば、「絶対に勝つ！」という強い気持ちを持つこと、あるいは自分がこれまでやってきたことを「最後まで信じる」といったことが、それにあたります。

卓球の試合も勝負事なので、他のスポーツと同じように、勝ちたいという強い気持ちがなければ最後に勝つことはできません。

もし自分よりも相手のほうが勝ちたいという気持ちが上回っていれば、いくらテクニック面で優位に立っていても、たとえ勝つための綿密な戦術を立てて試合に臨んでいたとしても、それらを支えるメンタル的な弱さが露呈して実力を十分に発揮できず、最後に負けてしまうというケースは多々あります。

なかには、試合前から極度に緊張してしまうことで力を発揮できないまま試合を終えてしまう人もいるかもしれません。

しかしそんな時は、「相手も自分と同じ状況」であることを思い出してください。平常心を取り戻すことができれば、きっと心身ともにリラックスした状態で試合に臨むことができるはずです。

対戦相手の情報がない場合は試合前練習で最低限の情報を入手する

そのうえで、試合前の準備として必ずしてほしいのは、**対戦相手の情報を事前にチェックし、しっかり分析しておく**ことです。

たとえば、陸上の短距離走や競泳といった個人スポーツでは、結果はあくまでも自分次第です。基本的には他の選手よりも速く走れるか、あるいは速く泳げるかといった要素だけで勝敗が決まります。

しかし、卓球の試合は対戦相手がいるので、仮に自分が練習以上のプレーをしたとしても、相手にそれ以上のプレーをされると負けてしまうことが十分に考えられます。つまり試合に勝つためには、「いかにして相手を上回ることができるか」という視点に立って、試合に臨む必要があるのです。

そこで重要になるのが、あらかじめ対戦相手を分析しておくことです。

プロ選手などトップレベルの試合では、対戦相手の特徴、ストロングポイント、ウィークポイントといった事前分析は当たり前に行われていて、そのための情報やデータも豊富にあります。それと比べると、子どもや学生の大会といった初級者や中級者の試合では、初対戦も多く、そもそも対戦相手の情報を事前に入手して分析すること自体がむずかしいという状況があります。

しかしそんななかでも、たとえば相手が右利きなのか、左利きなのかを試合前に確認することはできるでしょうし、試合前のトスの時には相手がシェークハンドなのかペンホルダーなのか、あるいはラバーは何を貼っているのかといったことを確認することもできるはずです。さらに言えば、試合前の練習で相手のフォアハンドの強さ、バックハンドの得手不得手、台上技術、サーブやレシーブの特徴などについて、ある程度チェックすることも不可能ではありません。

これらの情報はいずれも対戦相手の分析につながる要素であり、少なくとも試合を優位に進めていくうえでは、とても重要なヒントを与えてくれます。

相手を分析しておくことが勝つための正しい戦術選択につながる

たとえば自分が右利きだとして、左利きの選手と対戦することをイメージしてみてください。もし、左利きの選手が順横回転サーブを出した場合、右利きの順横回転サーブとは逆回転のボールが来るため、レシーブ方法もそれに合わせる必要があります。また、ラリーなどで対右利きのバックハンド側に打ち返した場合、左利きにとってはそれがフォアハンド側になるため、強打される可能性が高まります。

そういったことをあらかじめイメージしてから試合に臨む選手は慌てることなく、いつもどおりのプレーができると思います。しかし、試合が始まる直前になってから気づく選手、あるいは気にしない選手は、慣れない左利きとの対戦でパニックに陥ってしまう可能性があります。同じことは、対戦相手のラケットやラバーの種類などについても言えるでしょう（ラケットやラバーのそれぞれの特徴については32～39ページで説明しているので、確認しておいてください）。

図３　順横回転・逆横回転

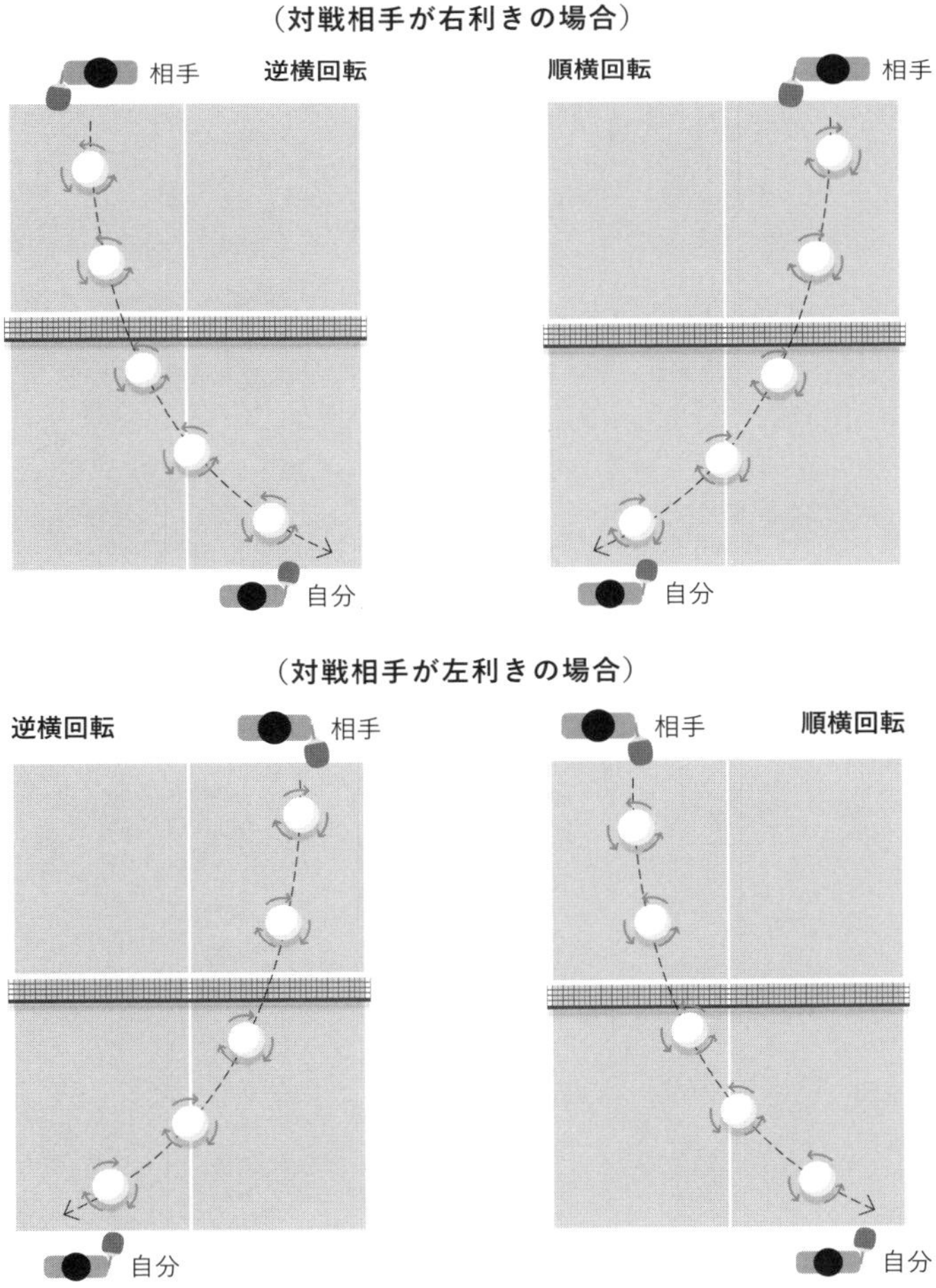
（対戦相手が右利きの場合）
相手
逆横回転
自分
順横回転
相手
自分
（対戦相手が左利きの場合）
逆横回転
相手
自分
相手
順横回転
自分

残念ながら、初級者や中級者は、対戦相手の分析を行うことなく、ただ来たボールを打ち返すことだけに集中して試合を行っているケースが多く見受けられます。しかし**対戦相手ありきの卓球の場合、それだけでは勝ちにくいスポーツであることを忘れないでほしい**と思います。

最初は、事前にすべての情報を入手して相手の分析を行うことはむずかしいかもしれません。でも右利きか左利きかなど、ひとつの要素を知ったうえで準備するだけでも、試合のなかで数ポイントを稼ぐことができると思いますし、相手の分析をしておくことによって必ず試合結果は違ってきます。

特に卓球は、試合中に先生やコーチが具体的に戦い方の指示を与えてくれるケースはまれで、基本的には試合中も自分で戦い方を考えながらプレーしなければいけないという特徴があります。それも含めて、試合に勝ちたいと思うのであれば、必ず試合前の相手分析を怠らないようにしてください。事前に対戦相手を分析しておくことは、試合でその相手に勝つための正しい戦術を組み立てることにもつながるからです。

水谷選手との話し合いによって丹羽選手の"チキータ封じ"に成功

私自身も、事前に対戦相手の分析を行ったうえで立てた戦術によって、これまで何度も勝利をつかんできました。そのなかで、特に２０１３年の世界卓球で経験した勝利は今でもよく覚えています。

男子ダブルスのベスト8進出をかけた試合で、水谷隼選手と私のペアは松平《まつだいら》健太《けんた》選手と丹羽《にわ》孝希《こうき》選手のペアと対戦しました。

この試合で勝利したペアは銅メダル以上が確実と言われていた大事な試合でしたが、実はわれわれにとって彼らとの相性は最悪でした。その試合の前には4連敗を喫していたうえ、過去に一度も勝ったことがないというむずかしい対戦相手だったのです。敗因の多くを占めていたのは、左利きの丹羽選手のチキータレシーブです。彼のチキータはかなりハイレベルで、われわれはいつもそれに苦しめられてリズムをつかめないまま負けてしまうというパターンが続いていました。

勝つためには何かを変えなければいけない。そう考えた私たちは、試合前に話し合った結果、丹羽選手がレシーブする時は思い切ってロングサーブを使い、チキータでレシーブさせないというサーブ戦術を立てました。

ダブルスのサーブは、自分たちのコートの右半面から相手コートの右半面に入れなければならないので、そもそもロングサーブを使うこと自体がレシーブで強打されるリスクを伴います。それでも、ロングサーブを狙われるリスクより、ショートサーブを丹羽選手にチキータで返されるリスクのほうを重く見て、ロングサーブ戦術で挑むことにしました。それくらい斬新なことをしないと勝てないと判断したのです。

この戦術は効果てき面でした。丹羽選手はロングサーブに対してバックハンドで返すことになりましたが、われわれにとってはチキータで台の上から強打されるより、少しでも距離が遠いところから返ってくるバックハンドのほうが圧倒的に対応しやすく、それによってゲームの組み立てがうまくいったのです。

結局、水谷選手と私のペアが4対3で勝利。初めて彼らに勝つことができたうえ、最終的に世界卓球の舞台で銅メダルを獲得することができました。まさしく、**相手のストロングポイントをしっかり分析したうえで、それを封じるための戦術を立てたことによって勝つことができた典型的な試合**でした。

特にシングルスと違い、ダブルスの場合は2人にそれぞれの考え方や意見があり、プレーの特徴も異なります。だからこそ、試合前に2人で話し合いを行って、しっかりと戦術を立てて意思統一を図っておくことが重要になります。もしあの試合でそれをせず、2人の意識が曖昧《あいまい》なまま戦っていたとしたら、おそらく勝利を収めることはできなかったでしょうし、メダルを手にすることもなかったと思います。

このように、対戦相手の分析は勝敗を大きく左右します。また、それによって正しい戦術を立てるヒントが生まれます。

これから「サーブ」「レシーブ」「3球目」「4球目」「ラリー」と、それぞれのプレーにおける戦術について詳しく紹介していきますが、まずはその前提として、序章で触れた**「自分のスタイルを知る」**ことと、対戦相手の分析を含めた**「試合前の準備」**を怠らないようにしてください。また、その前提なしに正しい戦術は立てられないということも、覚えておいてください。

ラケットの種類①

シェークハンド

© バタフライ

現在最も多くの選手が使用するポピュラーなラケットで、握手をするようにグリップを握るためシェークハンドと呼ばれる。両面にラバーを貼るため、フォアハンドとバックハンド両方でスムースに打球できる。また、スイングが安定しやすいという特徴もある。なお、同じシェークでもグリップの形状によって種類が異なり、男性がよく使う「ストレート」、子どもや女性に適している「フレア」（写真）、その他にもアナトミックやコニックなどがある。

ラケットの種類②

日本式ペンホルダー

© バタフライ

以前は日本でも日本式ペンを使う選手は多かったが、シェークハンドが主流となった近年は使う選手が減少した。グリップが出っ張っているのが特徴で、基本的には表面のみにラバーを貼る。シェークと比べて台上技術が使いやすく、フォアドライブを得意とするタイプの選手に適している。また、日本式ペンは手首を使いやすいという特徴もあるため、バックハンドの場合は2種類の対応ができるが、バックハンドでの強打には向いていない。

ラケットの種類③

中国式ペンホルダー

© バタフライ

シェークハンドと日本式ペンをミックスしたようなラケットで、基本的に両面にラバーを貼る。ブレードの形状がシェークハンドのように丸みを帯びていて（日本式ペンはブレードが四角い）、グリップの形状もシェークハンドに似ている。両面にラバーを貼るため、フォアとバックの切り返し動作がスムーズで、バックハンドで強打しやすい。日本式ペン同様、手首を使いやすいので台上技術に優れているが、フォアハンドの強打は日本式に劣る。

ラケットの種類④

反転式ペンホルダー

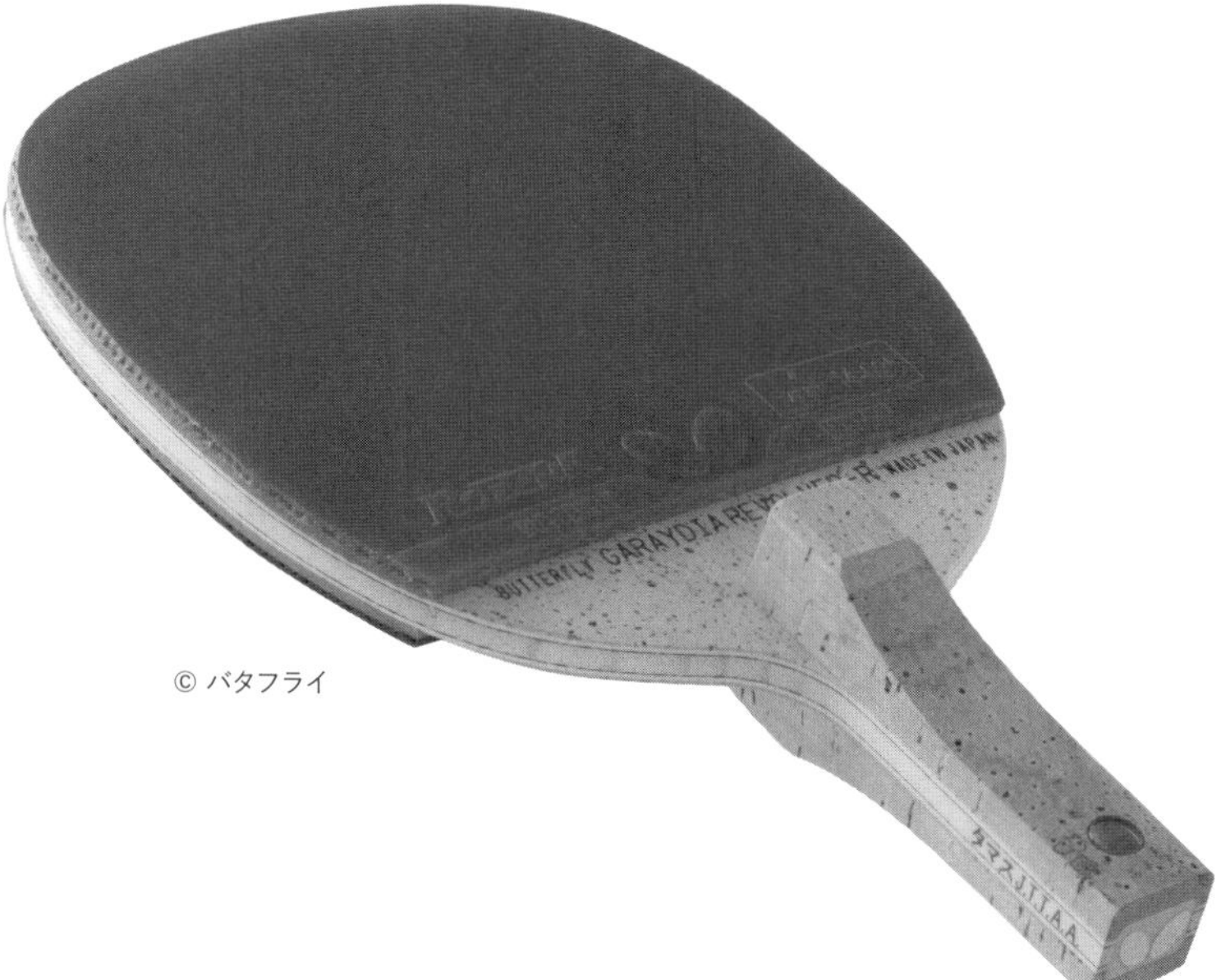

© バタフライ

ブレードは日本式ペンのように四角い形状だが、両面にラバーを貼るのを前提にした軽量設計で、表面と裏面に異なる種類のラバーを貼るのが一般的。ただ、反転式ペンは指の操作によってラケットを反転させて両面を使い分けるため、扱いがむずかしく使う選手は少ない。同じフォームから表裏別々のラバーで異なる球種を打ち分けられるのが最大の特徴で、表面に裏ソフト、裏面に粒高ラバーを貼る「ペン異質型」の選手に使い手が多い。

ラバーの種類①

裏ソフトラバー

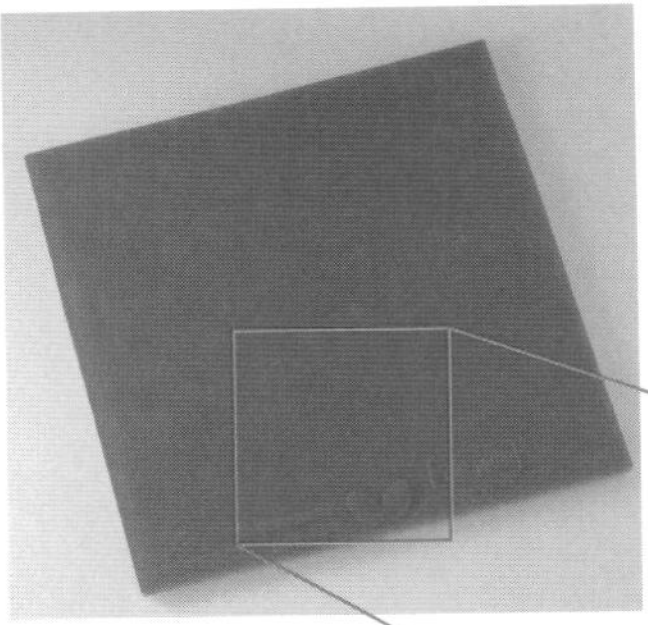

© バタフライ

拡大

初級者から上級者まで、一部を除きほとんどの選手が両面もしくは片方の面に貼っている最もメジャーなラバー。表面が平らでボールの接地面積が大きいため、摩擦力が大きく回転をかけやすい。内側に粒があるのでボールが弾みやすく、強く速いボールが打ちやすいのも特徴。その一方で、相手のボールの回転の影響を受けやすいという性質もある。

ラバーの種類②

表ソフトラバー

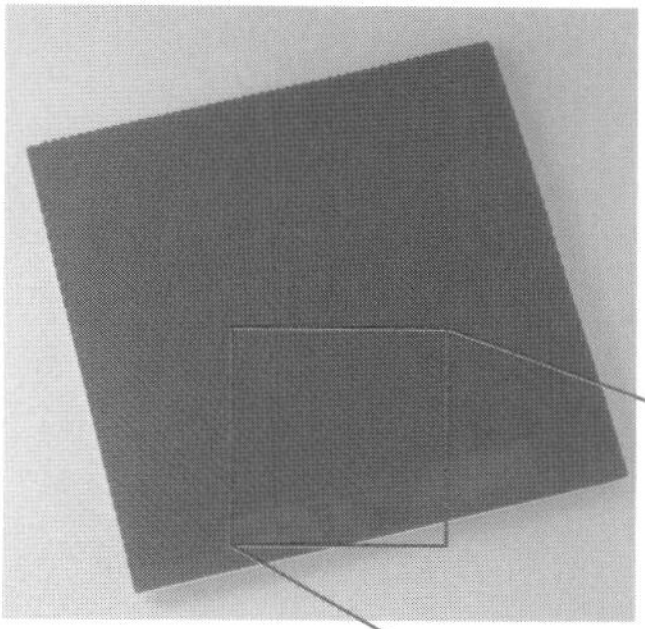

拡大

© バタフライ

裏ソフトの裏返しで、表面が粒状になっているラバー。裏ソフトの次にメジャーなラバーとされる。ラバーの面が粒になっているため、その弾力性を生かしたスピードのあるボールを打ちやすいという特徴がある。また、ボールの接地面積が小さいので、回転の影響を受けにくいのも特徴で、回転系の技術が苦手な選手が裏面に貼るケースが多い。

ラバーの種類③

粒《つぶ》高《だか》ラバー

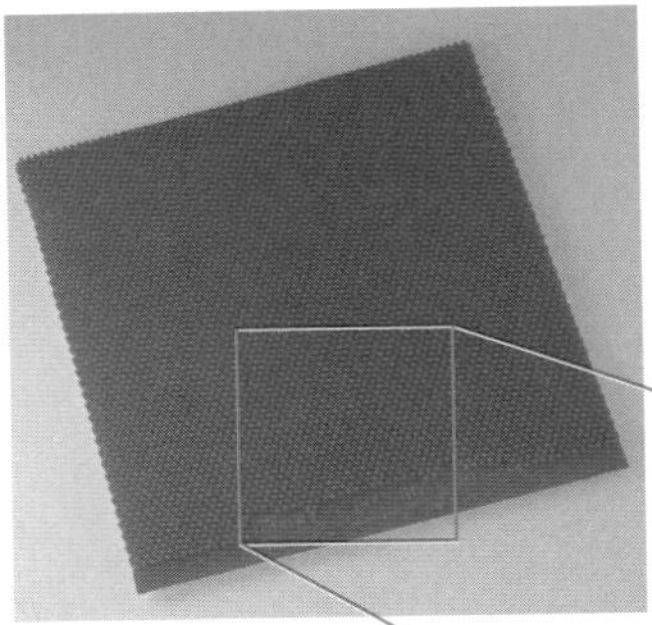

© バタフライ

拡大

表ソフトのようにラバーの面が粒状になっていて、表ソフトよりも粒と粒の間隔が広く、それぞれの粒が高い形状になっている。表ソフト以上にボールの回転の影響を受けにくく、カットマンなど守備重視型の選手が使うケースが多い。予想がつかないような意外性のあるボールを出せるという特徴があるが、扱いはむずかしい。攻撃型の選手には適さない。

ラバーの種類④

アンチラバー

© バタフライ

拡大

ラバーの面が裏ソフトに似て見えるが、ツルツル滑りやすい素材になっている。自分から回転を作り出すことはむずかしいが、粒高以上に相手の回転を利用しやすいという特徴がある。ボールの威力を吸収しやすいこともあり、カットマンなど守備型の選手が使うケースが多い。両面同色のラバーが禁止されている現在は使い手が激減した。

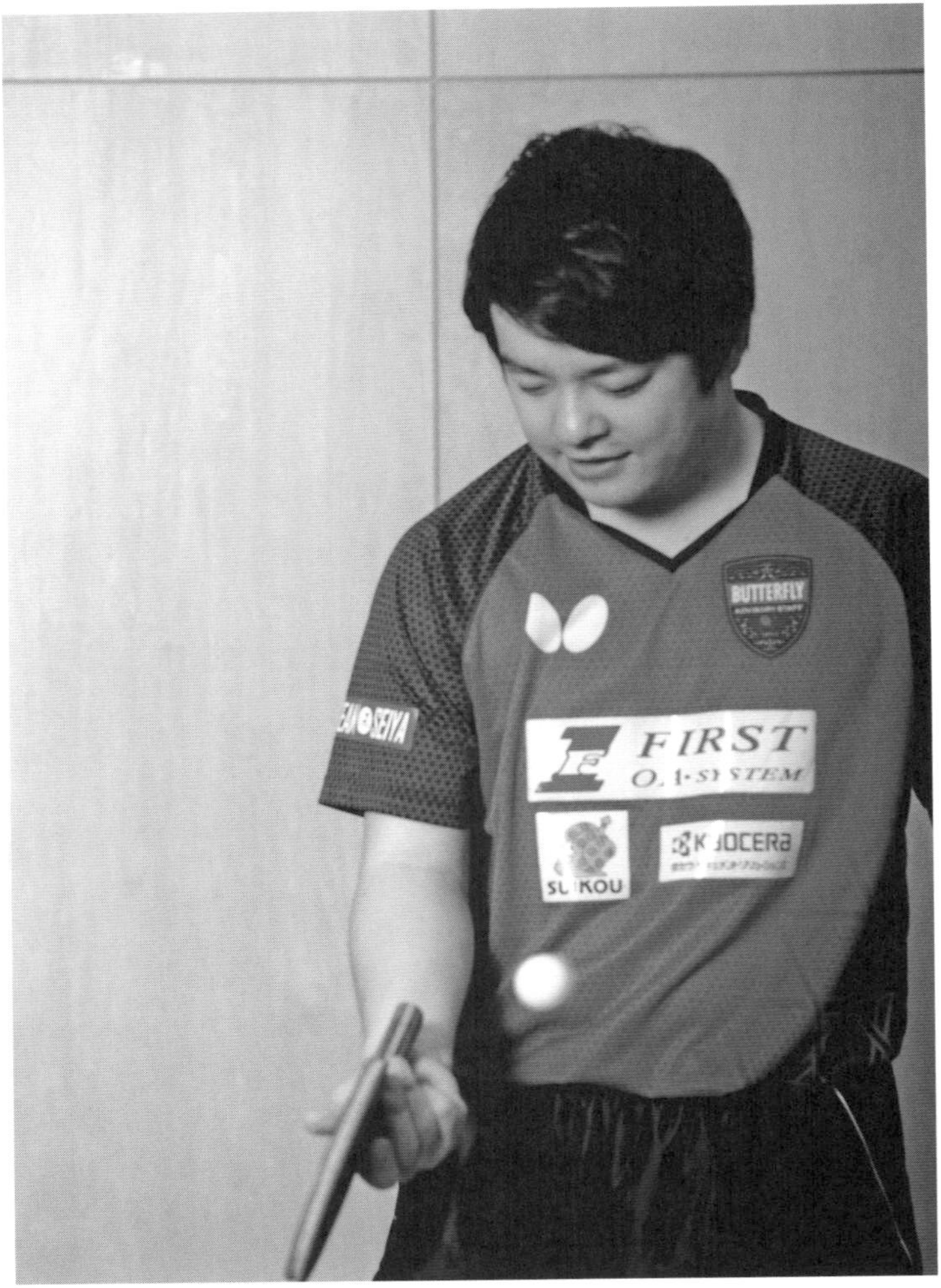
BUTTERFLY
FIRST

第2章

サーブ戦術

卓球の試合は、攻撃の主導権を握るサーバーの優位で始まる。
それを生かせるか生かせないかが、勝敗の行方を大きく左右する。
試合に勝つためにも、より多くの種類のサーブをマスターし、
各サーブを正しく効果的に使うことが、サーブ戦術の基本となる。

なぜサーブを得意とする選手は試合で勝ちやすいのか？

「サーブが上手な選手は試合を有利に進められるので、勝つ確率が高い」

これは以前から卓球の世界でよく言われていることですが、なぜサーブがうまいと勝ちやすいのでしょうか？

初級者にとってはすぐにその意味を理解できないかもしれませんが、冷静に考えてみてください。レシーブ（2球目）以降の打球と違い、サーブは相手の影響を受けることなく、自分が思うとおりに、好きなように打てる唯一の打球なのです。相手ありきの卓球の試合では、自分が主体になって自由にプレーできる機会はサーブしかありません。

狙いどおりのサーブによって相手を追い込むことができれば、3球目攻撃で点を取ることもできますし、その後のラリー展開でも攻撃を継続しやすい状況が生まれます。

卓球は攻めたほうが勝ちやすいスポーツなので、その主導権を与えられたサーブを生かせるか生かせないかが、勝敗を分けると言っても過言ではありません。

トップレベルの試合でも、１ゲームのなかでサービスエースによって２～３本、あるいはそれ以上の点が取れることもありますし、仮にサービスエースを１本も取れなくても、その後の展開を有利に進めることで、自分がサーバーの時に８～９割の得点を稼ぐことはよくあります。それだけでも、確実に勝利は近づきます。

だからこそ、「サーブが得意な選手は勝ちやすい」と言われているのです。

ひとつのサーブの精度を上げるより多くの種類をマスターしよう

サーブはルールどおりであれば、好きな位置から、好きなコースに、好きな長さで、好きな回転（スピン）をかけて出すことができます。そのため、サーブには数多くの種類があり、自分だけのオリジナルサーブを編み出すことができるという特徴もあります。

そのうえで、レシーバーを惑わせるためにも、できるだけ多くの種類のサーブをマスターしておくことをおすすめします。より多くの種類のサーブを持っていれば、試合中に相手に効果的なサーブを見つけやすくなりますし、逆に1～2種類のサーブだけでは相手に読まれてしまい、レシーブで強打されるなどサーバーの優位性を保てなくなってしまう可能性があります。

そういう意味では、**ひとつのサーブの精度を上げるより、できるだけ多くの種類のサーブをマスターしておくこと**をおすすめしたいと思います。なぜなら、相手が予測できないサーブを出すほうが得点につながりやすいからです。

サーブ戦術の基本をショートサーブにして機を見てロングサーブを使う

では、サーブにはどのような種類があるのでしょうか?

まず、図4に示したとおり、**サーブの長さ**（距離）によっておもに3通りの違いがあります。**ロング、ショート、ハーフロングの3種類**で、相手コートの深いところに出すロング、手前側に出すショート、その中間の場所に出すハーフロングです。

トップレベルでもそうですが、多くの場合、**ショートを基本にサーブを組み立てるのが現代卓球におけるサーブ戦術のセオリー**とされています。その理由は、ロングを出すと相手のレシーブで強打されるリスクを伴うからです。

逆にショートサーブを出せば、相手はいきなりスマッシュで返すことはできず、確実に台上技術で対応することになります。そうなれば、自分（サーバー側）の優位性を保ち、3球目以降も攻撃を継続できる確率が高くなるというわけです。**「サーブ戦術のベースはショートサーブ」**。この鉄則を、ぜひ覚えておいてください。

図4　サーブの長さ3種類

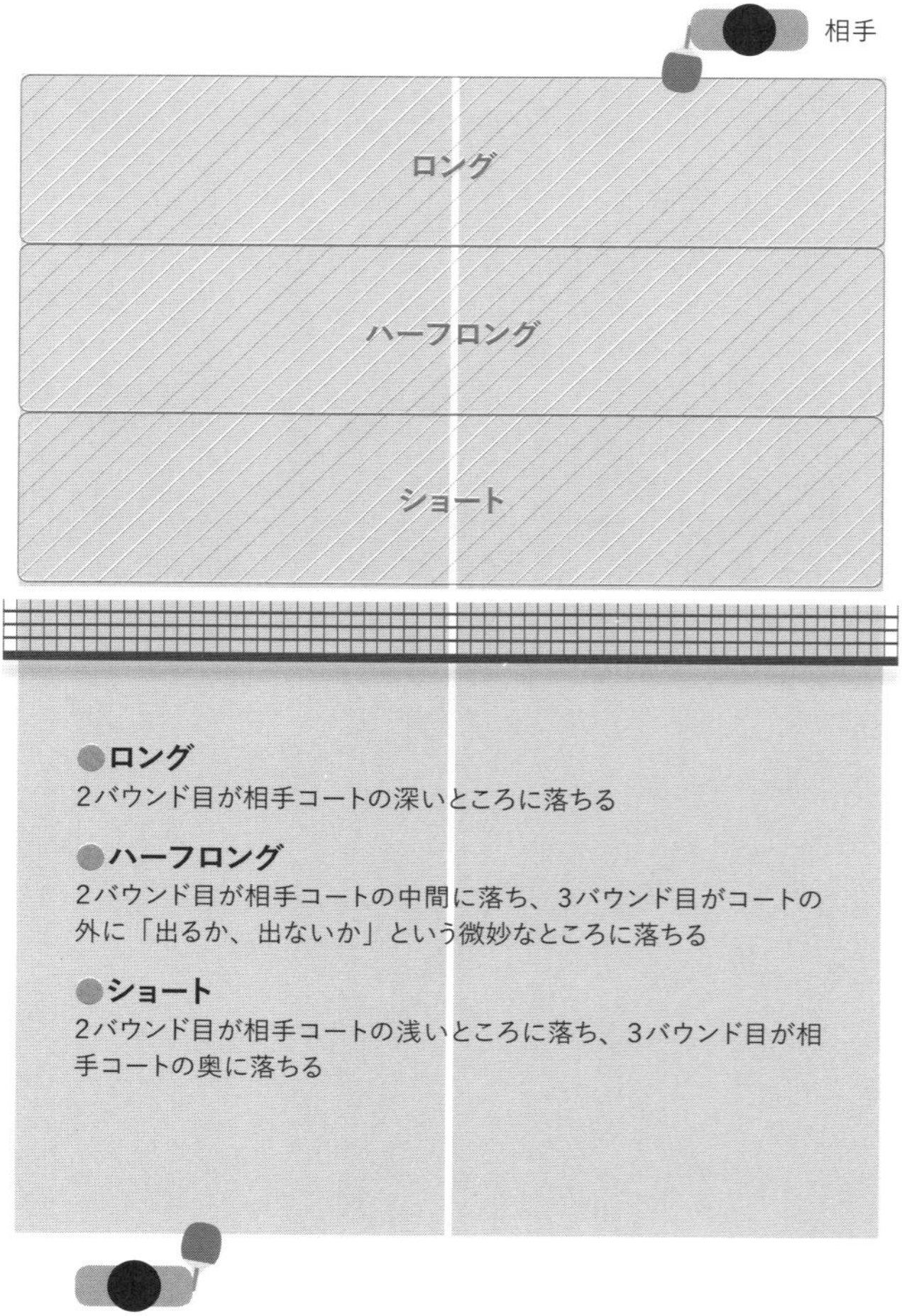

とはいえ、ショートサーブばかりを使っていると相手に読まれてしまうので、注意が必要です。ショートサーブを相手に読まれて良いレシーブを返されてしまうと、自分が3球目で攻めるつもりが、逆に守備に回ってしまう可能性があります。そのような事態に陥らないためには、ショートサーブを中心にしてサーブ戦術を組み立てながらも、機をうかがってロングサーブで意表を突くことが、相手に的を絞らせないための重要なポイントになります。

また、どのコースを狙うかという部分も、サーブのバリエーションとして挙げられます。**おもなコースとしては、フォア前、バック前、ミドル前という3つの種類**があります。

フォア前とは、ボールが相手コートで2バウンドするようなサーブをフォア側に小さく出したい時のコース、バック前とはバック側に小さく出したい時のコース、ミドル前はその中間にあたる位置に小さく出したい時のコースをそれぞれ指します（**図5**）。

同じショートサーブでも、これら3つのコースを使い分ければバリエーションが広がるため、相手にサーブを読まれにくくすることができます。

図5　サーブのコース3種類（対戦相手が右利きの場合）

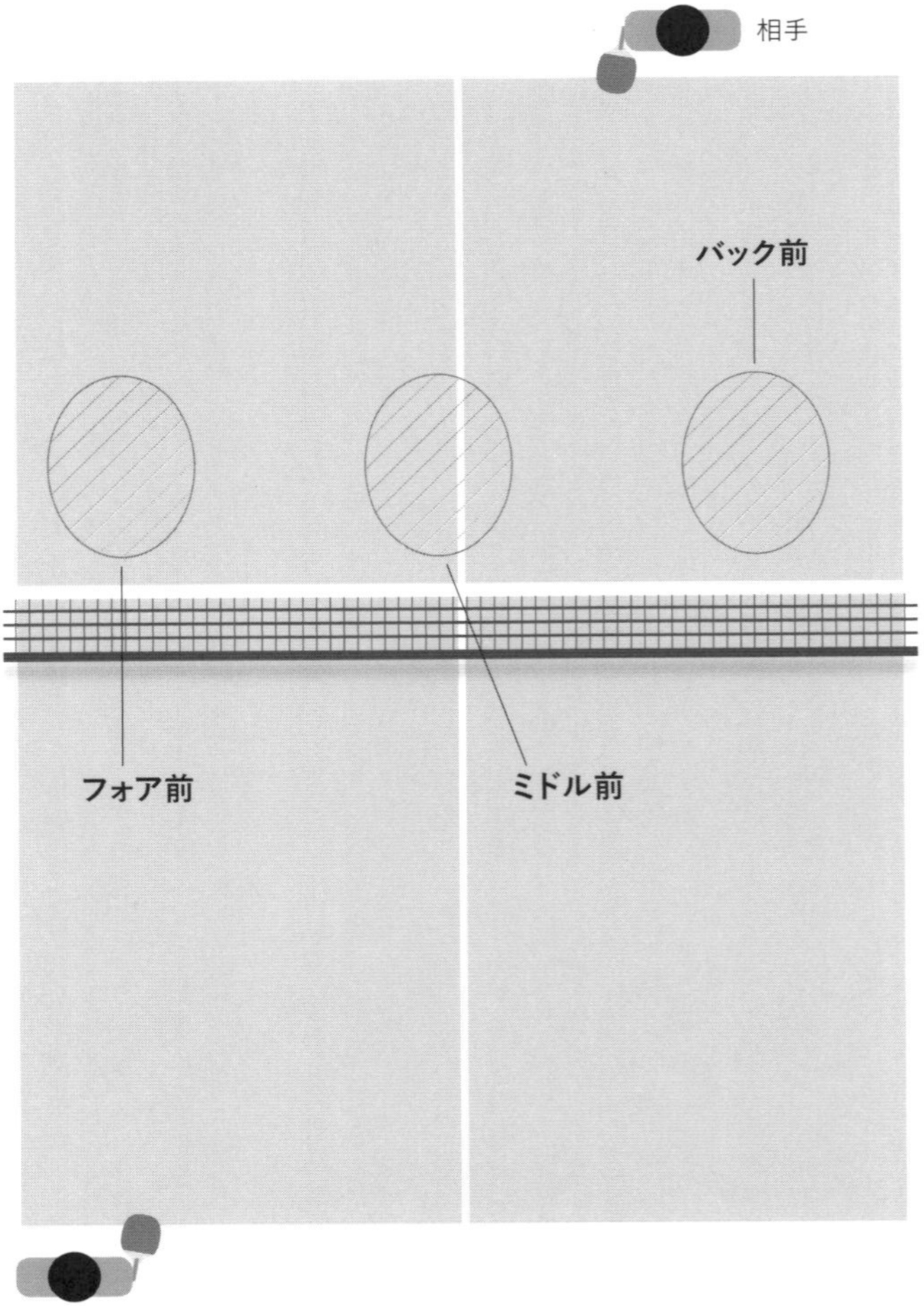

どの種類の回転なのか 相手にわからせないサーブを目指そう

そして何よりも、**相手に的を絞らせないサーブを出すために最も重要なポイントになるのが、回転の種類**です。

おもな回転の種類としては、**上回転、下回転、順横回転、逆横回転、ナックル（無回転）という5つの回転**が挙げられます（図6）。さらに細かく言えば、これに斜め回転も加わりますが、まずはこれら5種類をマスターすることから始めてください。

サーブを出す時は、いかにレシーバーに回転をわかりにくくして、惑わせることができるかが重要になります。逆にレシーブする時は、回転の種類に合わせて対応する必要があるため、つねに相手がどの回転のサーブを出したかを見極めることに集中します。

なかには、シンプルなレシーブが返ってくることを狙ってナックルサーブだけを使う選手もいますが、やはりより多くの回転をマスターしておくことをおすすめします。そのほうが相手に的を絞らせないことにつながり、相手が迷うことによってレシーブが甘くなる可能性が高くなるからです。最終的には、相手にどのような回転のボールなのかわからないようなサーブを出すことを目指してください。

その他、打球以外の方法でサーブの種類を増やすこともできます。たとえば、サーブを出す時の立ち位置（ポジション）に変化をつければ、同じ種類のサーブを出しても相手は違った対応を迫られます。打球後のフォロースルーに変化をつけることも、相手を惑わせるためには有効です。

あるいは、同じサーブでもトスの高さに変化をつけることで、相手を惑わせることができます。ただし、よいサーブを出すためには正確かつ安定したトスをマスターしておく必要があるので、高いトス（ハイトス）を試みる前に、低いトスを安定させることを優先して、より多くの種類のサーブを身につけてください。

図6　おもなボールの回転5種類

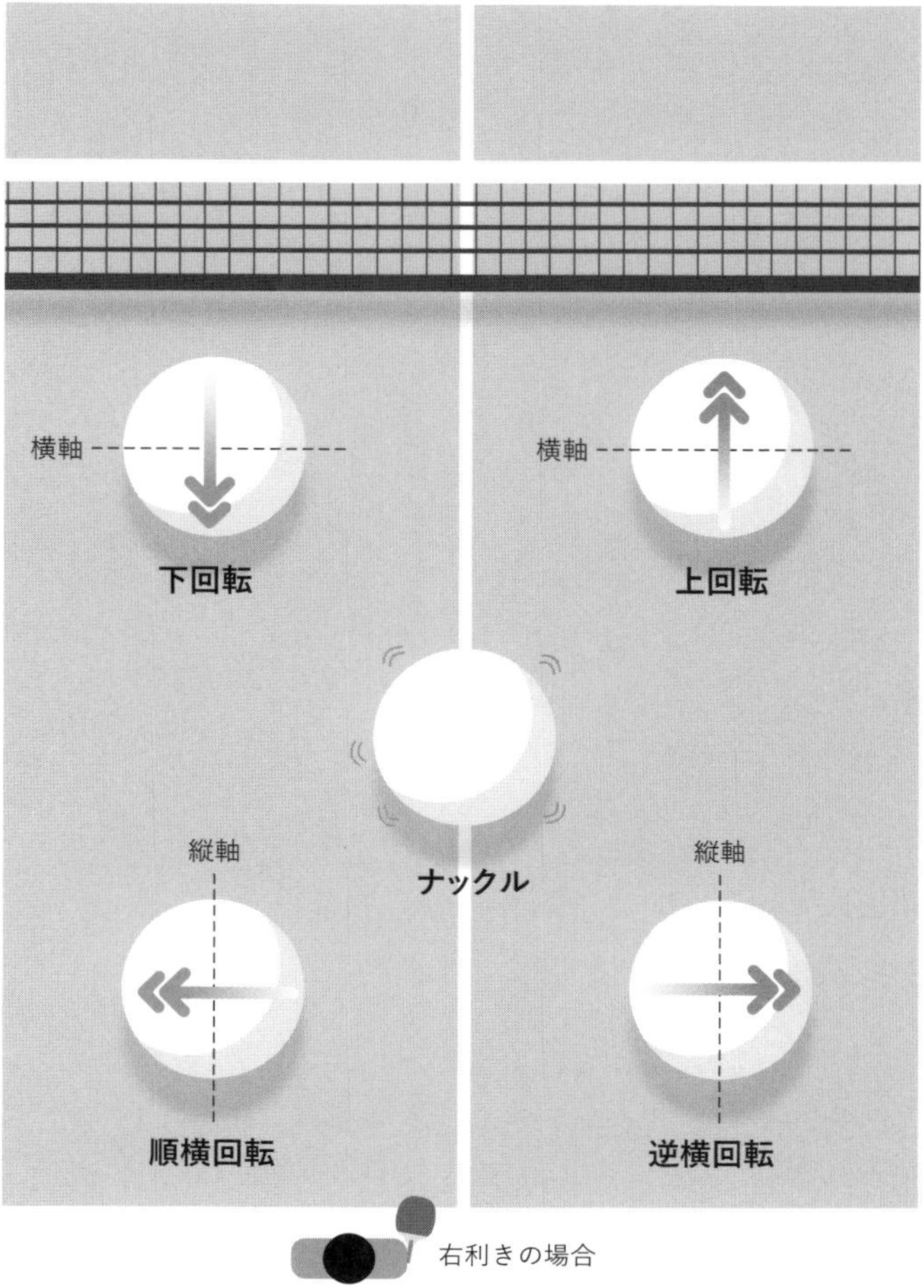

マスターしたサーブをどのように使うかがサーブ戦術最大のカギ

自分がマスターしたサーブを試合のなかでどのように使うかは、サーブ戦術を考えるうえで最大のキーポイントになります。いくらたくさんの種類のサーブをマスターしたとしても、試合中にそれらを効果的に使えなければ、それは単なる宝の持ち腐れになってしまうからです。

そのためにも、第1章で紹介した**「対戦相手の分析」**は、サーブ戦術を組み立てるうえで重要なヒントを与えてくれるはずです。

たとえば、相手がバックハンドのレシーブが得意だとわかっていれば、戦術を組み立てるなかで、バック側へのサーブを軸にせず、フォア側へのサーブを中心に組み立てるはずです。

また、もし試合前に相手の情報を入手できなかった場合は、試合序盤でいろいろなサーブを試しながら相手の得手不得手を見極めることも、試合に勝つための戦術を考えるうえでは不可欠です。自分が３球目以降も攻め続けるためには、相手のレシーブを甘くさせる必要があるので、極端に言えば試合の１ゲーム目はいろいろなサーブを出して、相手の特徴を探り出すために使ってもいいと思います。

いずれにしても、**サーブの技術をレベルアップさせて、試合のなかでそれぞれのサーブを上手に使い分けることが、試合に勝つための近道**です。そのためには、自主的にサーブ練習を積み重ね、技術を磨いておくことがとても大切になります。

パートナーが必要なレシーブ練習やラリー練習と違って、サーブはひとりで練習ができるというメリットがあります。どれだけサーブ練習を重ねたかがそのまま個人差となって表れやすく、それが勝敗を分けることにもつながります。

トップレベルの選手もそうですが、多くの人はラリーなど通常の練習だけで手一杯になってしまい、なかなかサーブ練習にまで手が回らないというのが一般的です。しかしそんななかでも、一流の選手は小さいころから必ずサーブ練習を怠らず、毎日コツコツ練習を積み重ねてスキルを磨きます。私自身も、小さいころから最低でも１日20分くらいはサーブ練習を欠かさず続けてきました。

この章の最後には私がおすすめするサーブ練習を紹介していますので、それを参考にしながら、自分に適したサーブ練習を積み重ねてほしいと思います。

このあと、ナックルサーブ、下回転サーブ、横上回転サーブ、横下回転サーブ、逆横回転サーブ、ロングサーブと、具体的に6種類の技術解説と、それぞれの特徴や効果的な使い方をくわしく紹介します。特にそれぞれのサーブがどのような局面で使うと効果的なのかという点に留意して、戦術の組み立てに役立ててください。

BUTTE

サーブテクニック①

ナックル（ショートサーブ）

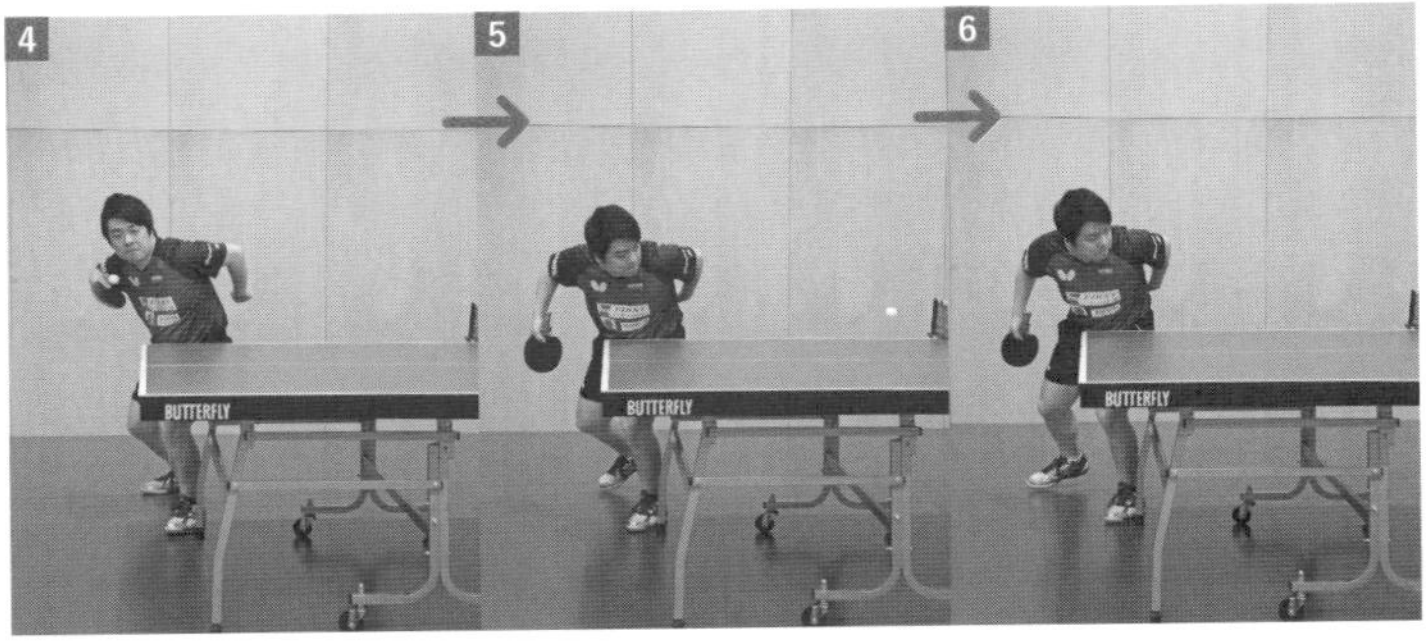

●サーブの性質と特徴

最もマスターしやすい基本のショートサーブ。下に切るように打球するが、下回転ほどスピンをかけない。回転が少ないので、素直なレシーブが返ってくる。下回転ショートサーブと組み合わせて使うと、フォームが似ているので相手を惑わせることができる。

初級者もマスターしやすいショートサービスの基本。
サーブでミスする可能性が低く、3球目で攻めやすいので、
競り合った場面や試合終盤で使うと効果を発揮する。

正面アングル

横アングル

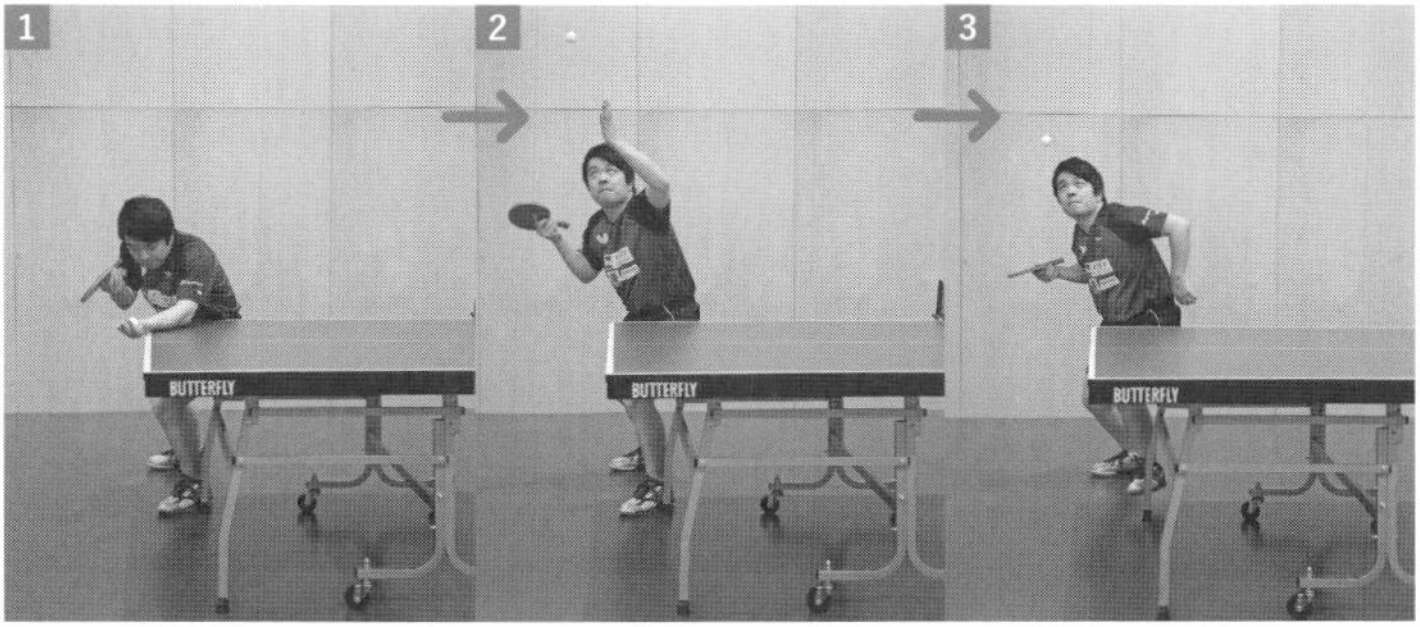

試合で有効な使い方

最も安定したショートサーブなので、競り合った局面や試合終盤など、絶対にミスが許されない場面で使うと有効。複雑な回転のサーブはミスするリスクが高いが、このサーブはミスのリスクが低いうえに相手の強打を防ぐことができるので、3球目で攻めたい時に効果を発揮する。

サーブテクニック②

下回転（ショートサーブ）

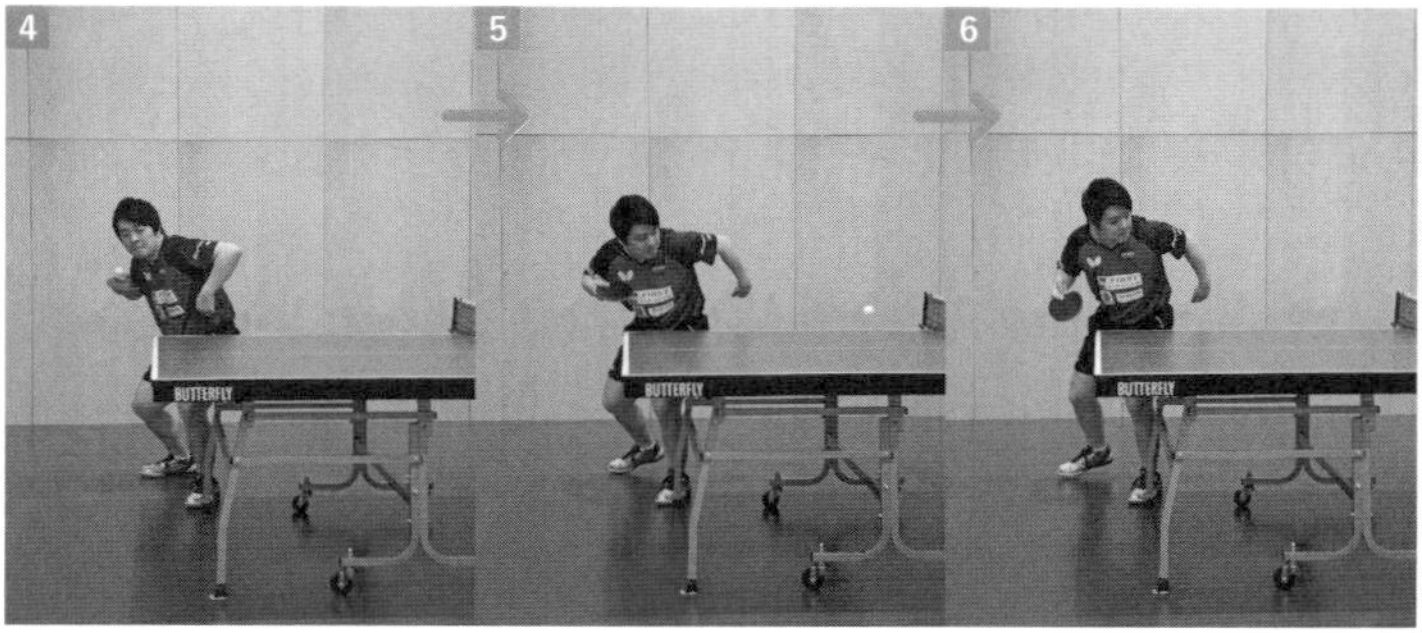

●サーブの性質と特徴

ナックルより難易度が高く、安定性も低い。逆に、フリックやチキータなど相手のレシーブ攻撃を受けにくい性質がある。いきなり3球目で得点を狙えるようなチャンスボールは来にくいが、3球目をしっかり返すことによってその後の展開を有利に進められる。

ナックルより難易度が高く、安定性も低下するが、
相手のレシーブ攻撃を防ぐためには最も有効なサーブ。
リスクをあまり気にしない試合序盤から中盤に使いやすい。

正面アングル

横アングル

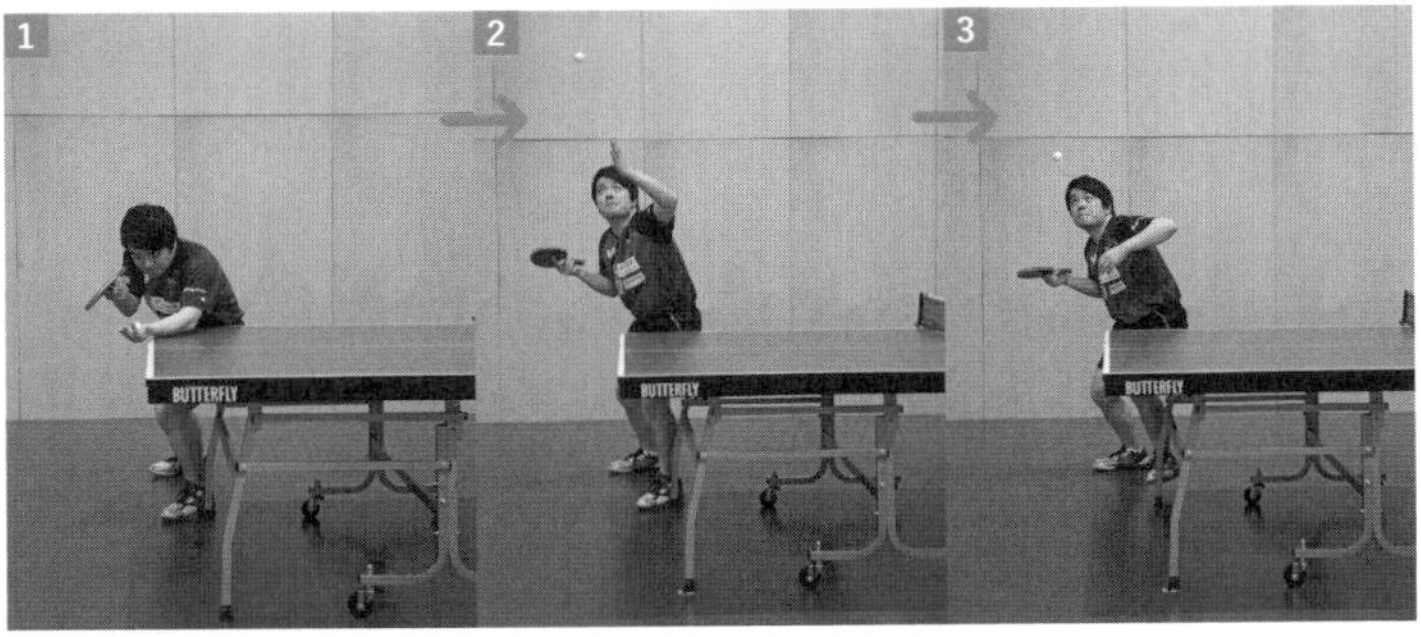

試合で有効な使い方

相手の強打を防ぐことができるので、レシーブ攻撃に苦しめられている状況や相手に攻められる展開が続いている時に使うと効果を発揮しやすい。安定性が低いので、試合序盤から中盤までは使いやすいが、試合終盤で使うためには確実性と自信が必要になる。

サーブテクニック③

横上回転（ショートサーブ）

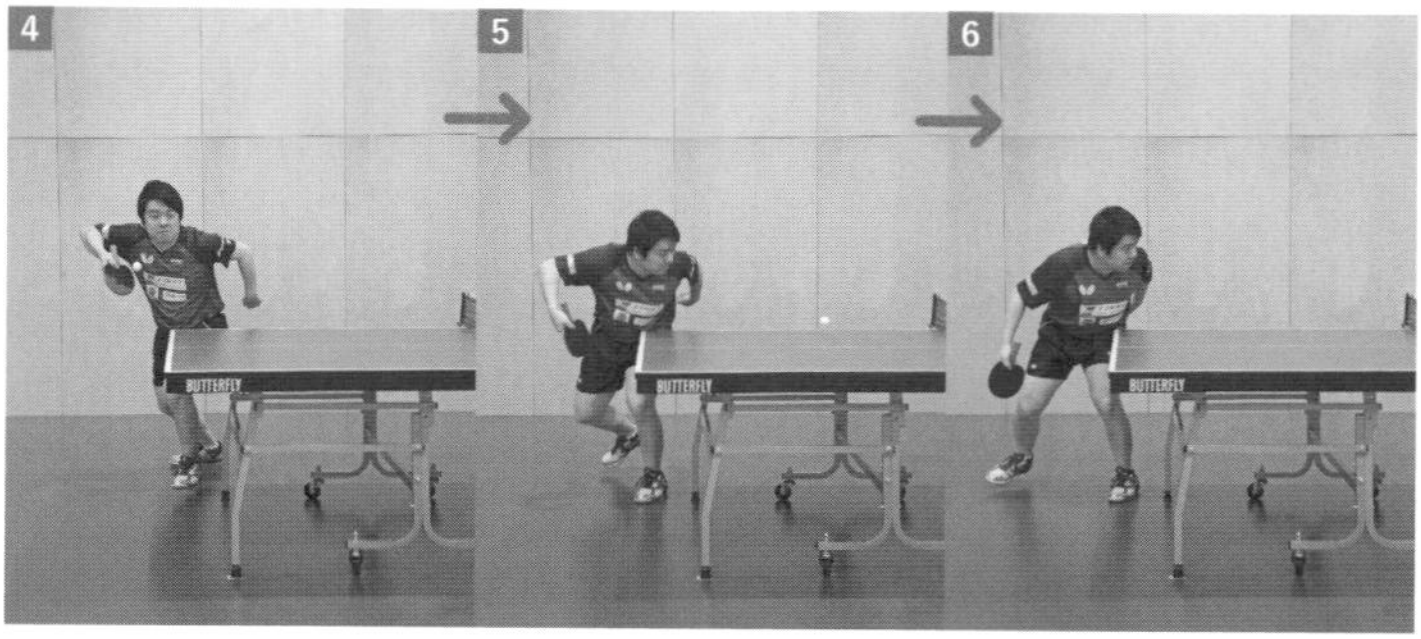

●サーブの性質と特徴

レベルを問わずよく試合で使われるショートサーブ。同じフォームから横上回転と横下回転を出し分けられるようになれば、その見極めがむずかしくなる特徴があるため、相手を惑わせることができる。また、レシーブが自分のフォア側に返ってくる確率が高い。

試合でよく使われるポピュラーなショートサーブ。
横上回転と横下回転を使い分けられるようになると、
相手を惑わせやすく、その効果を発揮させやすくなる。

正面アングル

横アングル

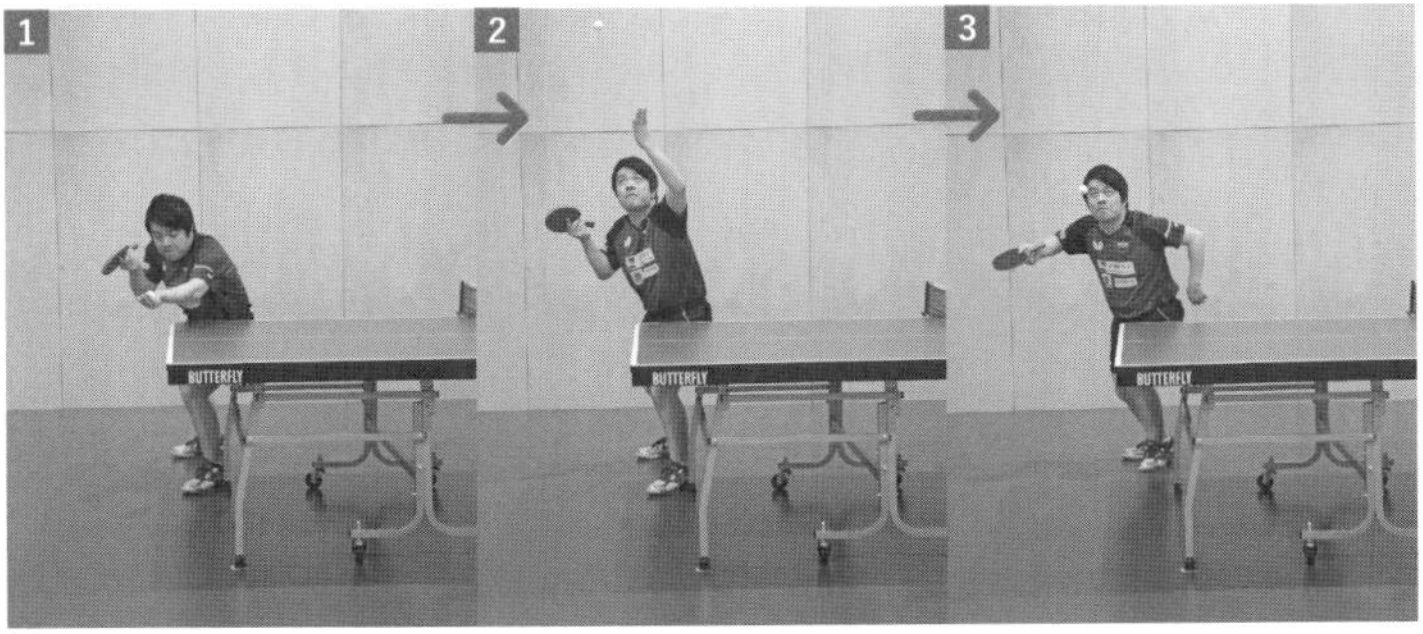

試合で有効な使い方

ボールに横回転がかかりながら、同時に上回転もかかるので、相手のレシーブでミスを誘い、3球目でチャンスボールが来る可能性が高くなる。そのため、自分が攻撃を仕掛けたい時、あるいは3球目で得点を狙えるようなチャンスボールがほしい時に使うと効果を発揮させやすい。

サーブテクニック④

横下回転（ショートサーブ）

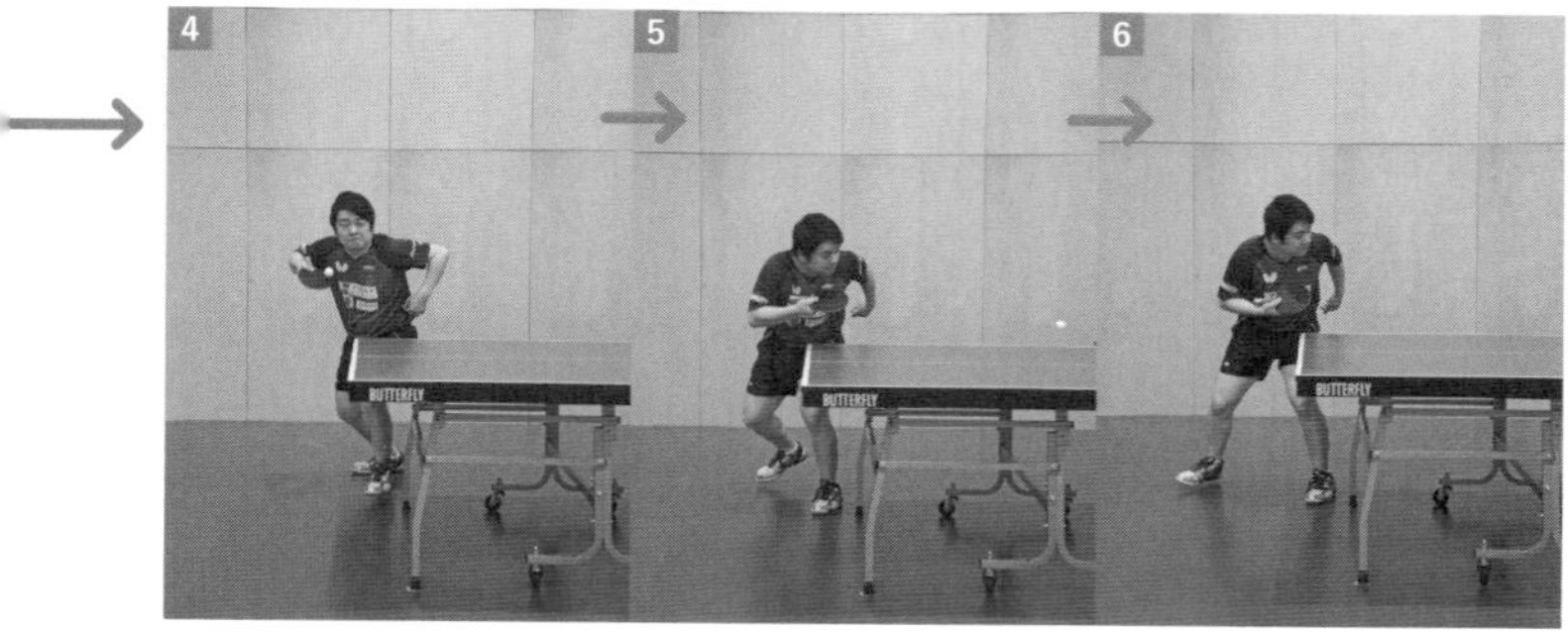

●サーブの性質と特徴

フリックやチキータといった相手のレシーブ強打を防ぎやすい。確実に返すために相手がツッツキを使うケースが多いのも特徴。基本的には低いレシーブが返ってくるので、3球目でチャンスボールが来る可能性は低い。横上回転とセットで使い分けると効果的。

フリックやチキータといったレシーブ強打を防ぎやすいため、
３球目以降の展開を優位にしやすいショートサーブ。
得点を狙いたい時より、確実に相手の攻撃を止めたい時に有効。

正面アングル

横アングル

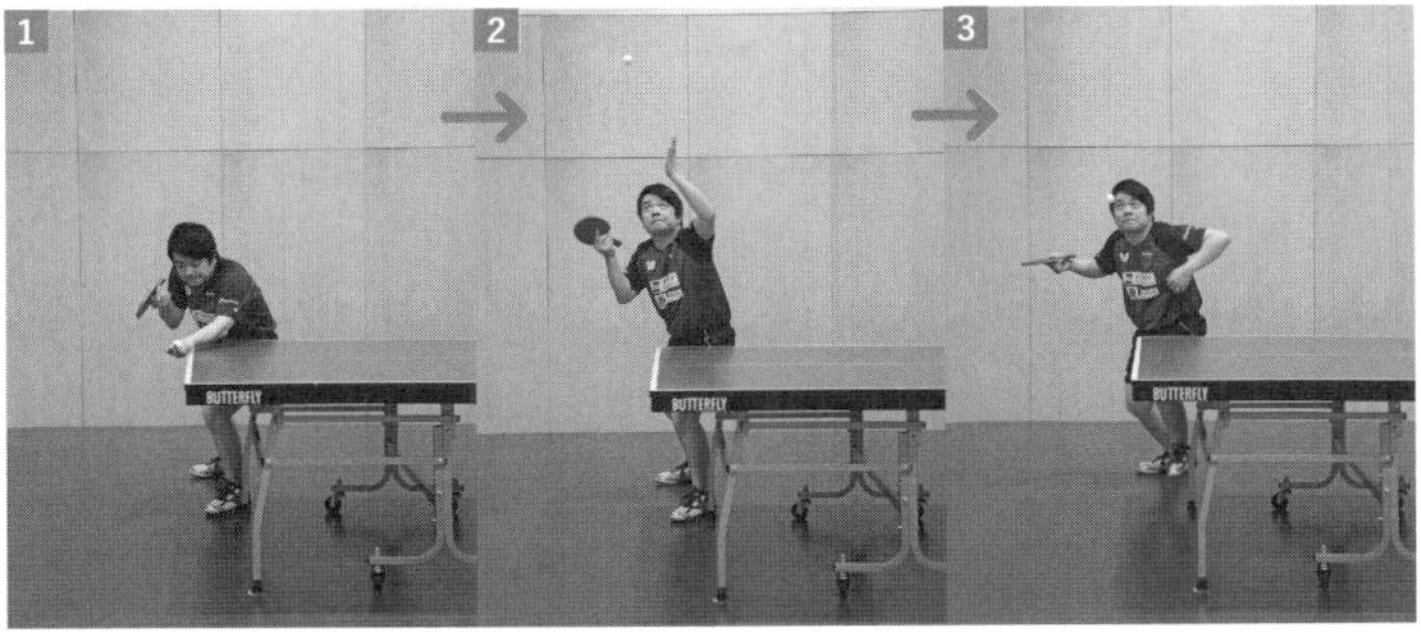

試合で有効な使い方

相手のレシーブ攻撃を確実に防いで、3球目以降に優位な展開のラリーにつなげたい時に有効とされる。そのため、特に試合序盤や終盤よりも、中盤で効果を発揮する。チャンスボールがほしい時には横上回転、確実性を求めたい時には横下回転と、それぞれの特徴を生かして使い分ける。

サーブテクニック⑤

逆横回転（ショートサーブ）

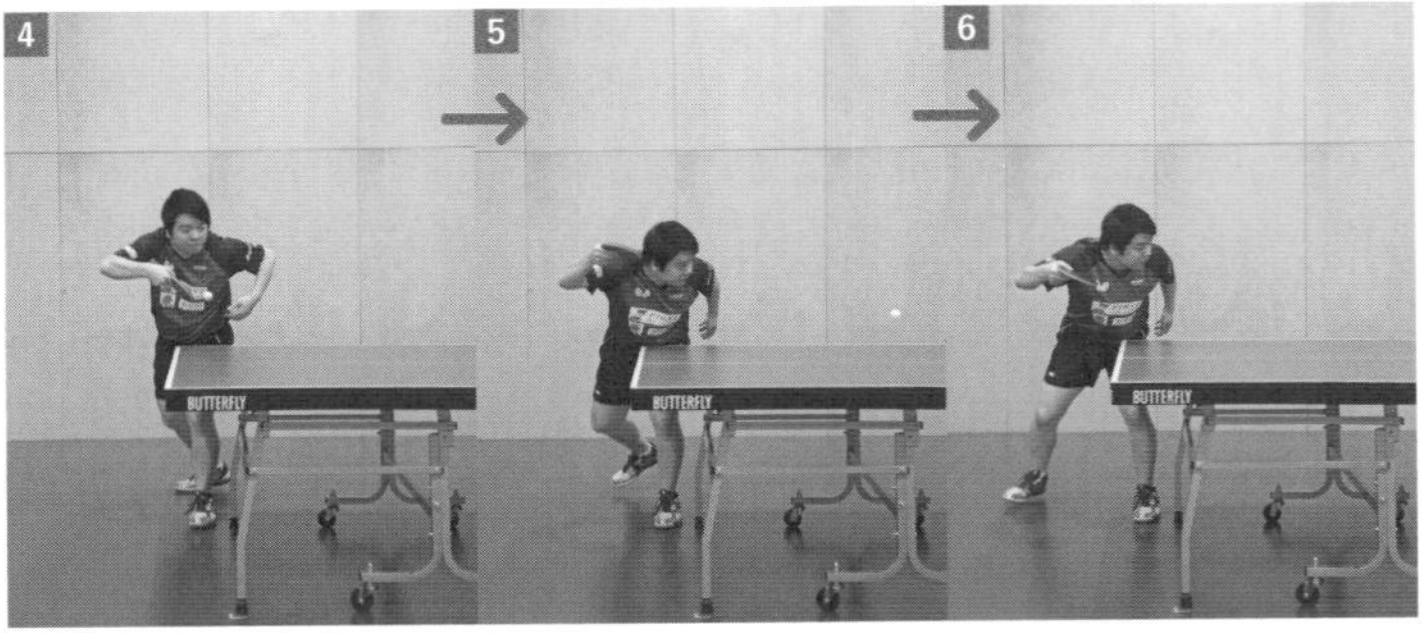

●サーブの性質と特徴

難易度が高く、ミスが起こりやすい分、相手にとっては慣れないレシーブを強いられるため、サーブ側の得点の可能性が高まる。また、レシーブがバック側に返ってくる確率が高い。サーブの種類を増やすためにも、初級者でも早い段階で覚えたい。

難易度が高く、ミスが起こりやすい傾向がある一方で、
良いサーブを出せば3球目攻撃を仕掛けやすいメリットがある。
サーブの種類を増やすためにも早い段階で覚えたい。

正面アングル

横アングル

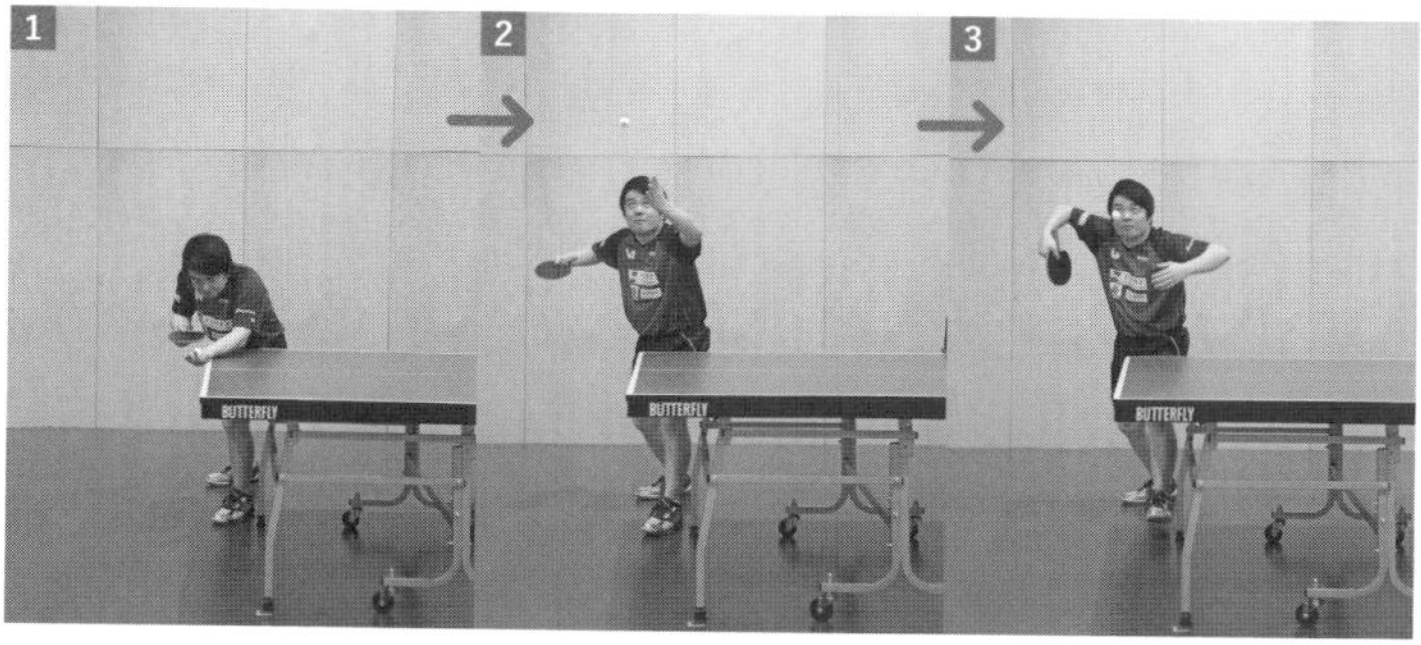

試合で有効な使い方

試合の流れを変えたい時、あるいは3球目攻撃を仕掛けたい時など、試合の勝負どころで使うと効果を発揮する。また、レシーブをバック側に誘導しやすいので、3球目をバックハンドで攻撃したい時にも有効。順横回転サーブをベースにしつつ、逆横回転サーブを織り交ぜると、より効果的。

サーブテクニック⑥

ロングサーブ

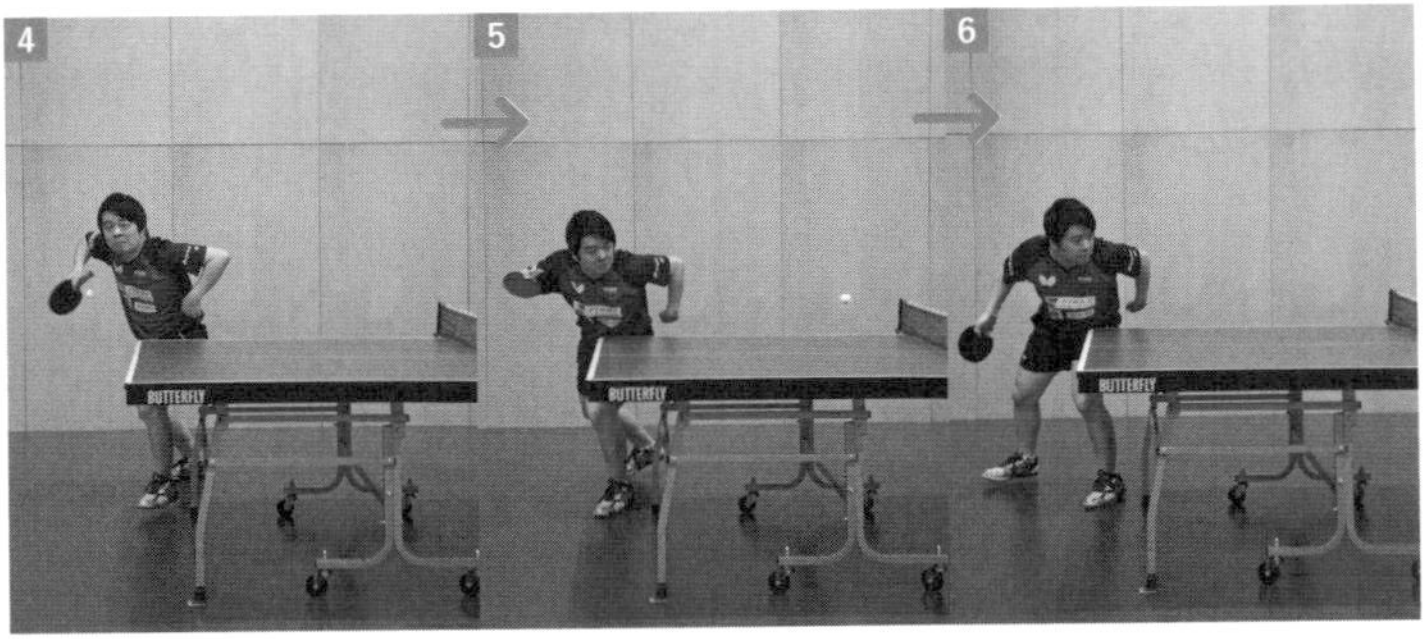

●サーブの性質と特徴

とてもシンプルなサーブだが、ロングサーブに対してはロングレシーブが返ってくることが確定しているので、3球目攻撃を仕掛けやすいという特徴がある。逆に、相手に読まれるとレシーブで強打されるリスクがあるので注意すること。よく考えて使いたい。

ロングレシーブが返ってくることがわかっているので、
それを想定して３球目に思い切った攻撃を仕掛けやすい。
相手に読まれると強打されるので、使いどころをよく考える。

正面アングル

横アングル

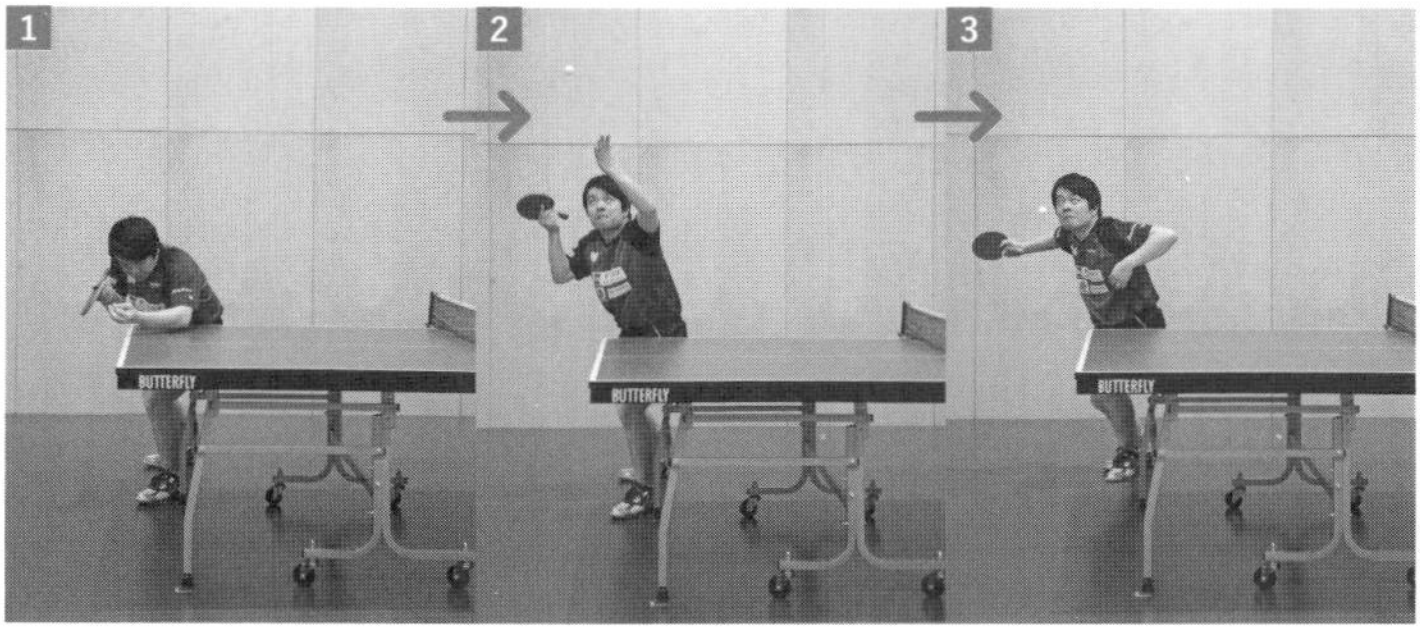

試合で有効な使い方

相手が確実にショートサーブを待っている時に、意表を突いて使うと効果を最大限に発揮する。チキータレシーブを防ぎたい時にも有効。試合のなかで頻繁に使うのではなく、ショートサーブのなかに時々織り交ぜ、競り合いの場面など勝負どころでのピンポイント使用が効果的。

岸川流サーブ練習①

的当てトレーニング

ロングサーブの練習をしたい場合は目標物をコートの隅に置く方法もある

●練習のポイント

正確なサーブを身につけるための練習方法のひとつ。紙コップや空のペットボトルなどを用意し、自分が狙いたい場所に置く。それを目掛けてサーブを出し、目標物にボールを命中させる。ここでは、ショートサーブをミドル前に出す練習として、紙コップを相手コートの中央に置いてサーブを出している。また、ロングサーブの練習をしたい時は、紙コップを相手コートの隅に設置する（写真右上）。その他、いろいろな種類のサーブを同じ場所に出せるように繰り返し練習しよう。

自分が狙いたい場所に正確なサーブを出せるように
コートに目標物を置き、それにボールを命中させるトレーニング。
いろいろな種類のサーブでトライし、正確性をマスターしよう。

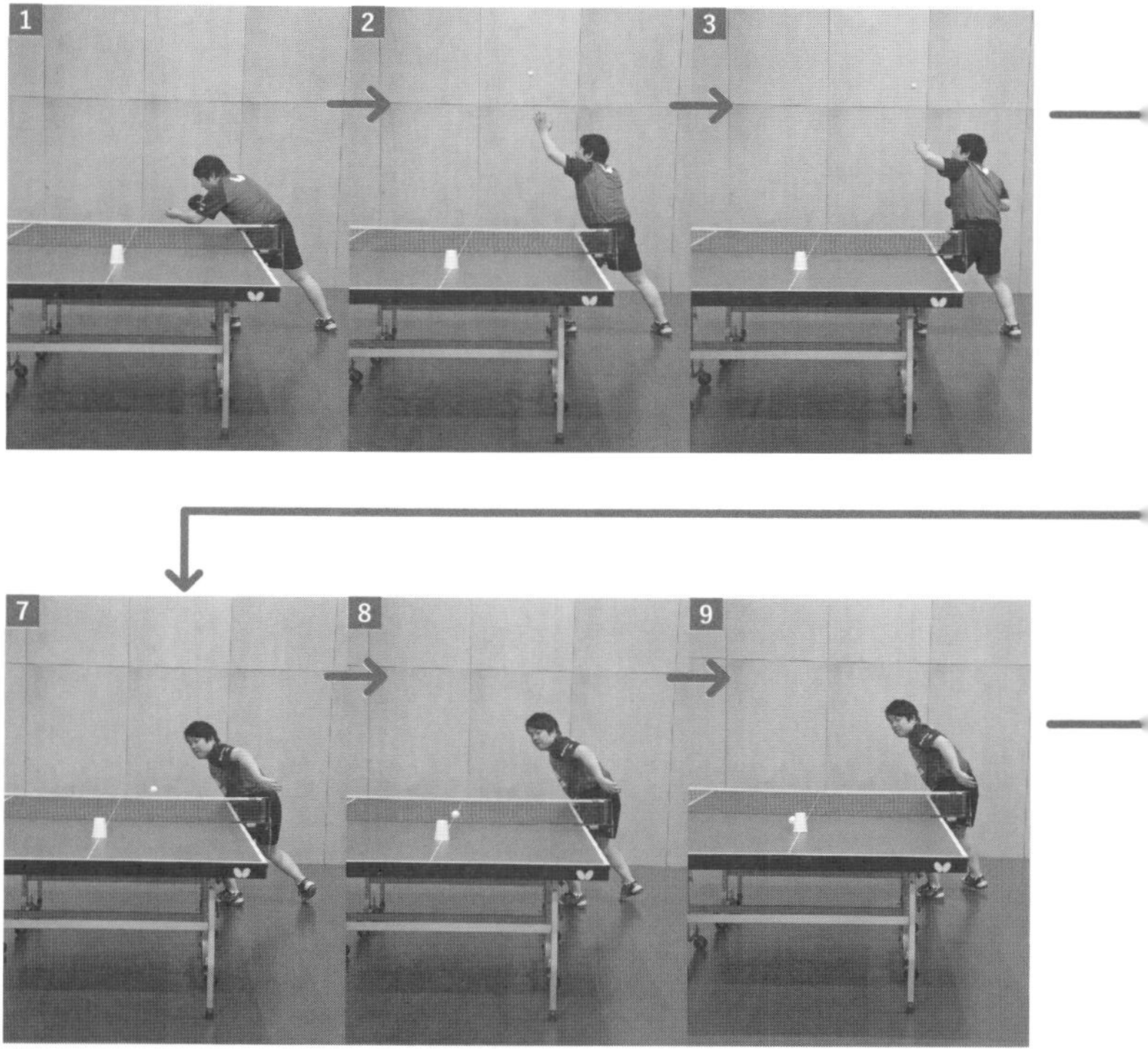

岸川流サーブ練習②

高さ調整トレーニング

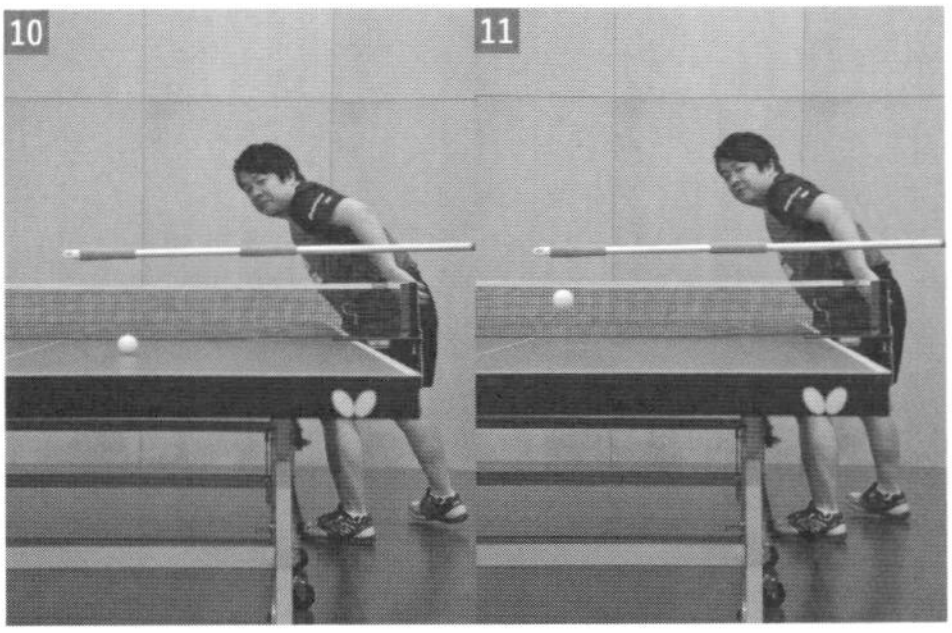

●練習のポイント

ネットをギリギリで越えるような低いサーブを身につけるための練習方法のひとつ。長めの棒状の物を用意し、練習パートナーやコーチに棒状の物をネットと平行にして持ってもらう。ネットと棒の間を通過するように、狙った場所に低いサーブを出す。初期段階ではネットと棒の間を広くとってもらい、できるようになったら少しずつその間隔を狭めていく。いろいろな種類のサーブでトライし、安定して低いサーブが出せるようになるまで繰り返し練習しよう。

安定して低いサーブを出せるようにするための練習。
平行に設置した棒とネットの間を通過するようにサーブを行う。
回転や狙う方向など、いろいろなパターンで練習しよう。

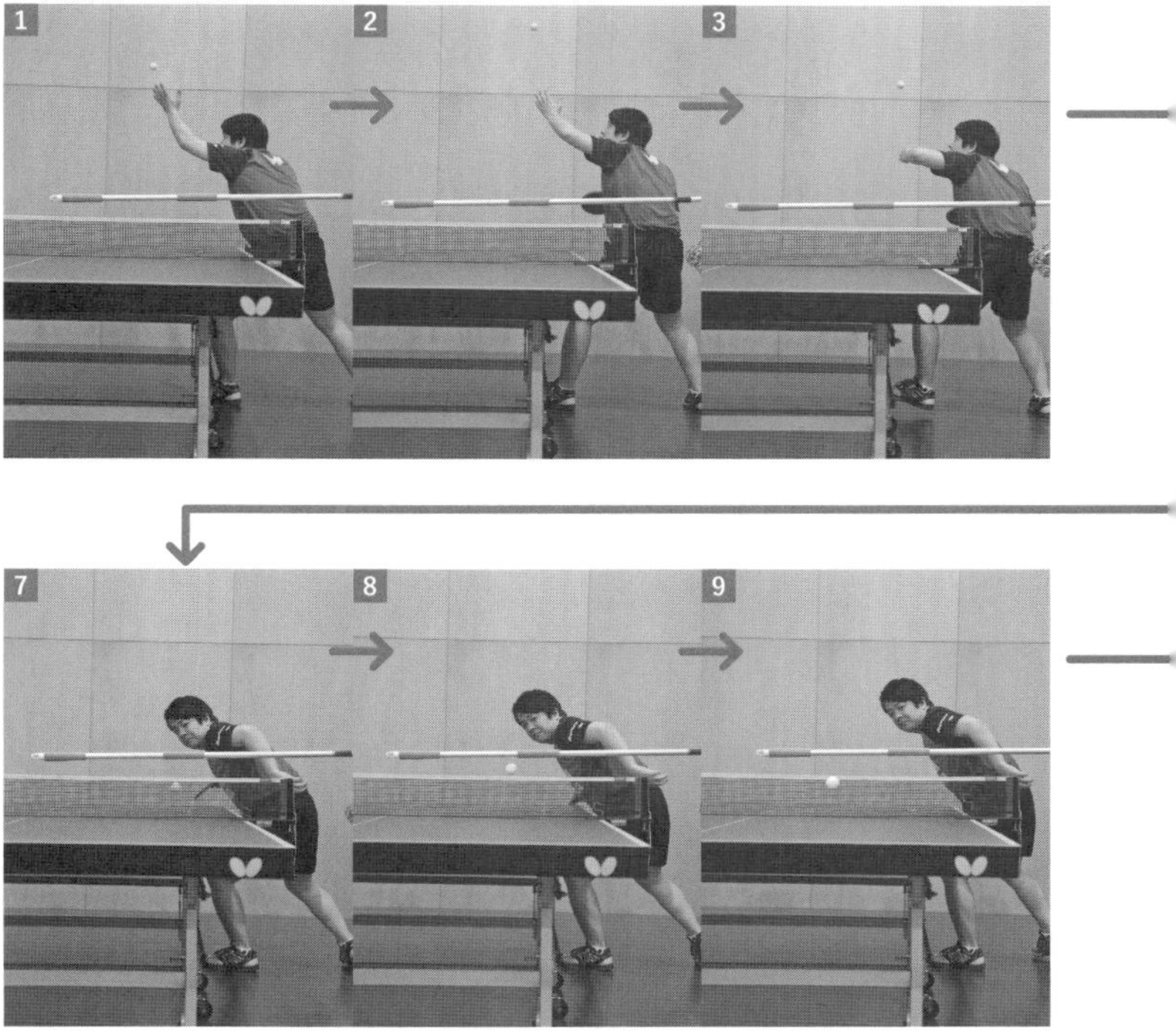

KYOCERa
BUTTE

第3章

レシーブ戦術

サーブと違い、レシーブは受動的なテクニックとされているが、
レシーブ側の時に得点できれば、試合で勝つ確率は格段に上がる。
そのためにも、しっかりとしたレシーブテクニックをマスターし、
試合の状況に応じて各レシーブを効果的に使うことが重要になる。

レシーブのレベルが上がれば試合に勝つ確率が格段に上がる

サーブとレシーブは、いろいろな点で対照的なテクニックです。

まず、サーブ側は自分から攻撃を始めることができますが、レシーブ側はサービスエースを防ぎ、少なくとも相手コートにボールを打ち返さなければいけません。つまり、サーブが能動的かつ攻撃的なテクニックだとすれば、レシーブは受動的で守備的なテクニックと言えます。

しかも、どのようなサーブを出してくるかはあくまでも相手次第なので、レシーバーはそれに対応する以外に方法はありません。そういう点で、相手のサーブ攻撃に対処しなければいけないレシーブは、主体的に攻撃できるサーブよりもむずかしい技術とされています。

逆に言えば、**レシーブをレベルアップさせることができれば、相手のサーブ時に自**

分が点を取れるようになるため、試合に勝つ確率は格段に上がるわけです。

もちろん、ただ相手のサーブを打ち返しているだけでは、一方的に相手の攻撃を受け続けることになり、いずれ点を取られてしまいます。そうならないためにも、レシーバーはできるだけ良いレシーブをして**「相手の３球目攻撃を許さない」**ようにすることが重要になります。

相手の３球目で自由に攻撃させないようにして、自分の４球目で攻撃に転じることができれば理想的です。また、相手が思うようなサーブを出せなかった時はそのチャンスを逃さず、すかさず攻撃に移ることも忘れないようにしてください。

ベストは「低く短く」で
それができない場合は「低く長く」

とはいいえ、なかなかレシーブ時に攻撃することは簡単ではありません。どうしても守備に回ってしまうのがレシーブの特徴でもあるので、ここではその場合の対処方法として、レシーブの鉄則について触れておきたいと思います。

まず、もっとも理想的なレシーブは**「低くて短いレシーブ」**であるということを覚えておいてください。基本的に低く返したボールを強打される可能性は低く、長く返すよりも短く返したほうがその確率は下がります。

しかしながら、相手のサーブによっては短いレシーブで返すことができないケースはよくあります。その場合は、長くなってもかまわないので、できるだけ低いボールを返すように心がけてください。

最も避けたいのは、高くて長いレシーブです。それが、相手にとってはもっとも強打しやすいボールになるからです。つまり、「低く短く」がベストで、それができない場合は「低く長く」。高く返すレシーブをできるだけ回避することが、レシーブのセオリーであることを覚えておいてください。

ただし、ここで注意しておきたいのは、低く返すということだけに集中しすぎてしまい、せっかくのチャンスボールを見逃してしまうことです。初級者や中級者のなかにはレシーブは相手コートに返しておけばいいと考え、相手が思うようなサーブが出せなかった時にそれを見逃してしまう人が少なくありません。

トップレベルの選手でも、緊張などからショートサーブを出そうとしたにもかかわらず、それがハーフロングやロングのサーブになってしまったり、あるいは高いサーブになったりするケースが時々あります。ましてアマチュアの試合であれば、ミスサーブは頻繁に起こります。にもかかわらず、低いレシーブを返すことだけを考えていると、その絶好機を見逃しがちになってしまいます。

そうならないためにも、**低いレシーブを念頭に置きながらも、「チャンスボールが来たら攻撃する」**という意識をつねに持つようにしてください。

試合序盤で相手のサーブの種類や使い方をチェックしよう

では、低いレシーブを返すために、具体的に何をすれば良いのでしょうか？　ポイントとしては、**相手のサーブをいかに見極めるか**という点が挙げられます。

とにかく相手は、あらゆる選択肢の中から好きなようにサーブの種類を選べるため、なかなかサーブ前の段階からその種類を予測することは困難です。しかもサーブの種類を見誤ってしまうと、低いレシーブをするどころか、相手コートに打ち返すことさえむずかしくなってしまいます。そこが、レシーブのむずかしいところです。

重要なことは、**相手がどのような種類のサーブを持っているかを把握する**ことです。それが、良いレシーブを返すためのヒントにもなります。

もし試合前に相手を分析するための情報がない場合は、試合序盤で相手がどのようなサーブをよく使うかをチェックするようにしてください。それにより、ロングサーブを多く使うのか、あるいはショートサーブしか出さないのかなど、試合のなかで少しずつ相手の傾向がつかめるはずです。さらに、コースの頻度、回転の種類、回転量といった部分も含めたサーブの傾向がわかってくれば、試合の終盤に向けて有利な展開に持ち込める可能性が高まります。

サーブを見極めるコツは、**打球の瞬間をよく見る**ことです。たとえば、ボールをどのように切って打球したかによって、おおよそボールの回転を判断できますし、それによって瞬時に対応することが可能になります。相手が打ったボールをよく見ることも大事ではありますが、まずは**「相手がどのようにボールをとらえたのか」**を見極めることに集中するようにしてください。

もちろんサーブ、レシーブは〝だまし合い〟の要素もあるので、相手もサーブの種類を見破られないような工夫をしてきます。それでも、ボールをどのようにしてとらえたかによって、回転の種類を限定することはできます。特に初級者や中級者であれば、相手のサーブの種類もそれほど多くないと思いますので、打球の瞬間をよく見てサーブの種類を予測することが、良いレシーブを返すための有効な策です。

ここまでの話を改めて整理すると、まずは試合の序盤で相手のサーブの傾向を把握すること。次に、構えた段階で次にどのサーブを出すかを予測すること。そのうえで打球の瞬間をよく見て、どのようにボールをとらえたかによって、回転の種類と量を見極めてレシーブすることを心がけてください。

相手のサーブの回転がわからない時は「ツッツキ」が有効

レシーブのセオリーを理解したところで、レシーブ戦術の話に移りたいと思います。レシーブ戦術を考えるうえで、その大前提としてマスターしてほしいのが、レシーブテクニックの基本です。

本書では、**ツッツキ、ストップ、フリック、チキータ、ドライブという5種類のレ**

シーブ方法を詳しく解説しますが、大事なことは、それぞれのテクニックを身につけると同時に、それぞれの特徴を含め、どのような場面で使えば効果的なのかをしっかり理解しておくことです。それなくして、正しいレシーブ戦術を組み立てることはできません。

特に初級者の場合、相手が出したサーブの回転が見極められないという人も多いと思います。そんな時、回転がわからないのにフリックのような攻撃的でリスクの高いテクニックでレシーブすると、下回転系サーブが来た場合はネットに引っかかって相手に点を与えてしまう確率が高くなってしまいます。

もちろんレシーブで点を取れれば理想的な展開ですが、回転の種類がわからない以上、リスクの高いレシーブを選択するよりも、まずは相手コートに返すことに重点を置いて、確実なレシーブ方法で４球目やラリーに可能性を見出す方が賢明です。

そこで覚えておいてほしいのは、**「相手のサーブの回転が分からない時はツッツキが有効」**だということです。

ツッツキはボールの回転を選ばないので、そのサーブがどんな回転であろうとも、とりあえずは相手コートに返すことはできます。そのため、初級者や中級者にとってはレシーブ戦術のベースにしやすいテクニックだと言えます。

たしかにフリックやチキータのような攻撃的なレシーブテクニックと比べれば、ツッツキは地味なテクニックかもしれません。しかし、ツッツキを上手に使えるようになれば、どんな特徴の相手に対しても柔軟に対処することができるため、結果的に勝利に近づくことができます。そういう意味では、ツッツキは特に重要なレシーブテクニックと言っても過言ではありません。

「困ったら、ツッツけ！」。相手のサーブの回転がわからない時は、ツッツキで対応することをおすすめします。そのうえで、なるべくコースに変化をつけて低いレシーブを返すことができれば、相手が的を絞りにくくなります。そうすることで、４球目で優位に立つ可能性を高めることができるのです。

チキータは最後の最後。まずは万能型レシーブからマスターしよう

最近は、攻撃的なテクニックであるチキータでレシーブするのが当たり前の時代になったため、それを真似て、初級者でもチキータレシーブを使って2球目（レシーブ）から攻めようとするケースがよく見受けられます。

しかし、チキータはレシーブのなかではハイレベルなテクニックなので、安定したチキータができないうちは、試合で使うことはおすすめできません。

繰り返しになりますが、**レシーブで最優先すべきは、しっかり相手コートに返すこと**です。そこに余裕が生まれた場合、相手の3球目攻撃を防ぐためにできるだけ低く短いレシーブをすることが重要になります。それによって、4球目で攻撃に転じることができるからです。

そして、相手のサーブが甘い時は、そのミスを逃さず、攻撃的なレシーブで得点を

狙ってください。そのための手段として、安定したチキータテクニックを身につけているのであれば、積極的にチキータを使っていいと思います。

少なくとも、見た目が派手でカッコいいテクニックだからといって、無闇にチキータを多用することだけは避けてほしいと思います。チキータは最後の最後にマスターするテクニックだということを理解し、まずはツッツキやストップといった万能型のレシーブからしっかりマスターしてください。

いかに相手の3球目の質を低下させるかを考えることが、レシーブ戦術の基本です。そのためにも、本章の最後に掲載しているボールの回転に対する正しいラケットの角度と合わせて、それぞれのレシーブテクニックの特徴と、そのテクニックを使うと有効な局面をしっかり頭に入れておいてください。

レシーブテクニック①

ツッツキ（フォア）

●レシーブの性質と特徴

初級者でもマスターしやすく、どんなサーブに対しても安定して台に返すことができるレシーブの基本。良いツッツキができれば相手の強打を防ぐことができる。守備的な側面が強いため、攻撃的なフリックやチキータのように得点を狙うことはむずかしい。

初級者もマスターしやすいレシーブの基本中の基本。
どんなボールに対しても安定して台に返せるので、
競り合いの場面やリスクを負いたくない場面で効果を発揮する。

正面アングル

横アングル

試合で有効な使い方

安定して台に返せるため、リスクを負いたくない場面で使うと効果的。大きくリードしている状況であればミスを恐れずに攻撃を仕掛けられるが、試合終盤の競り合いなどリスクを負えない場面、あるいは守備を重視したい場面ではツッツキが有効。

レシーブテクニック②

ツッツキ（バック）

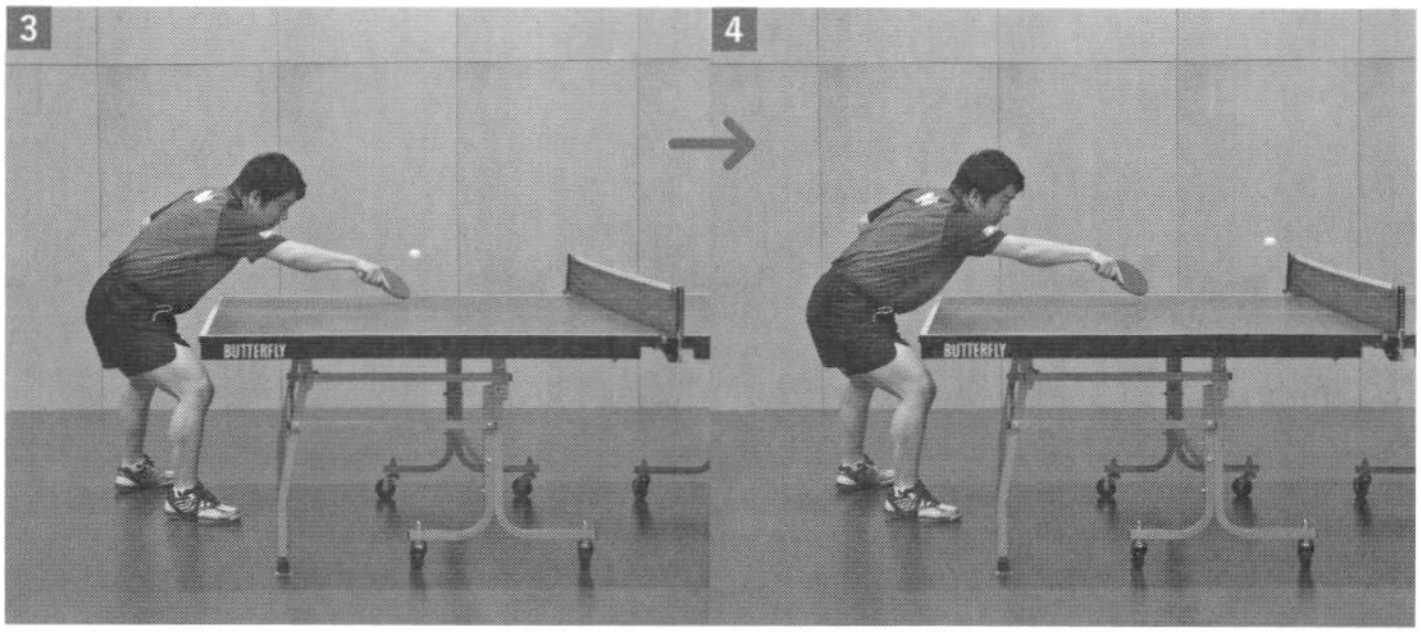

前ページで紹介したツッツキのバックハンドバージョン。
特徴や使うと有効な場面は基本的に前ページのフォアハンドと同じ。
基本テクニックとしてフォアとバックの両方をマスターしよう。

正面アングル

横アングル

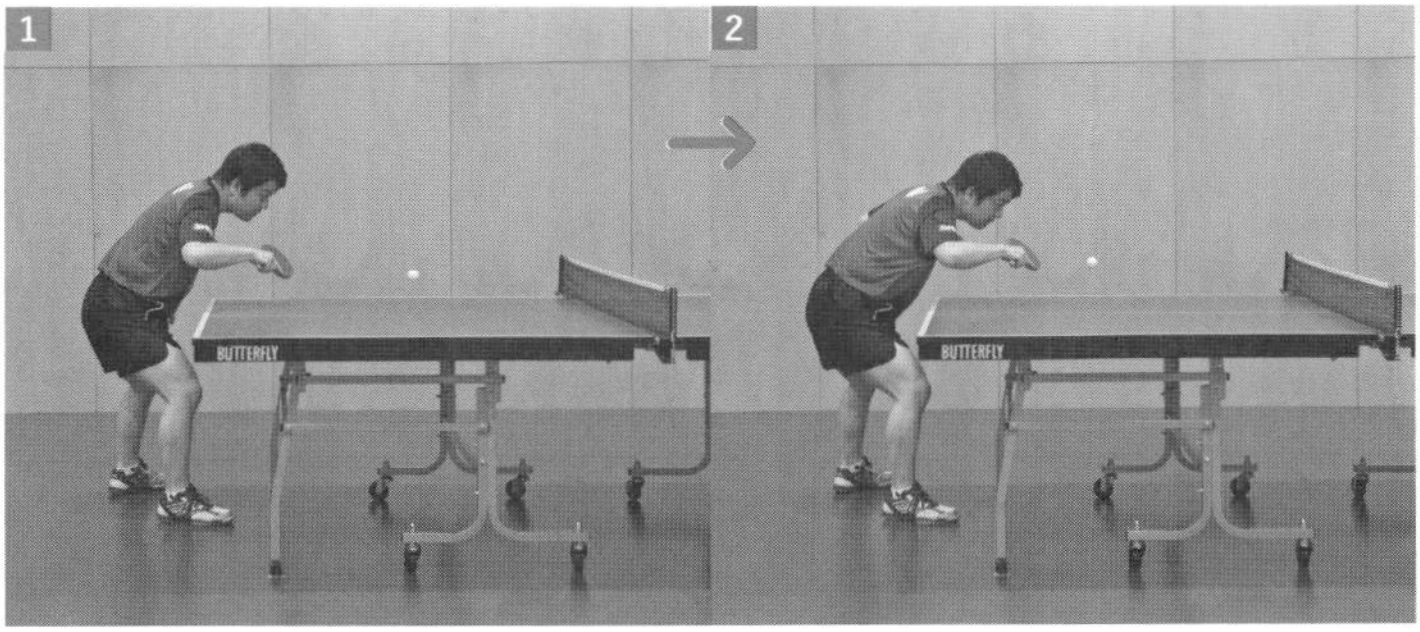

レシーブテクニック③

ストップ

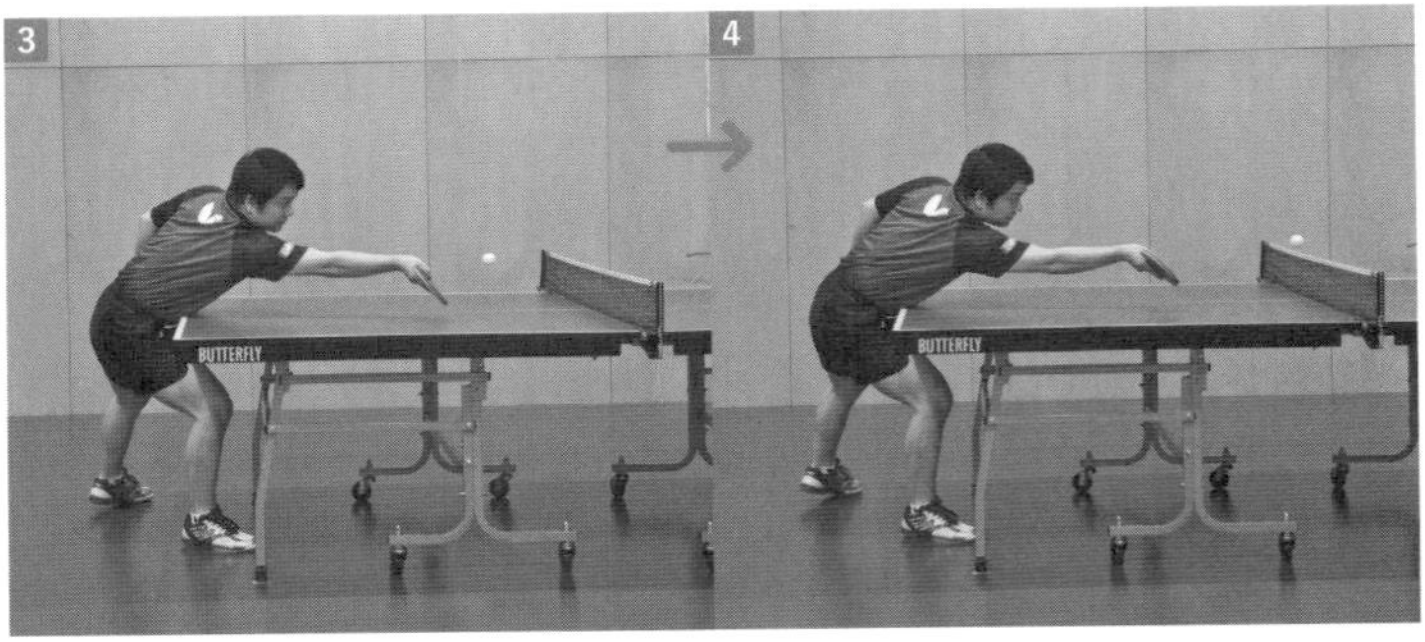

●レシーブの性質と特徴

トップレベルの選手が頻繁に使うレシーブ。ツッツキ同様、安定して台に返すことができ、短く返すことができる。ツッツキほど守備的ではないため、質を上げることができれば4球目で攻撃に転じやすい。回転を見誤ると高く返してしまうことがあるので要注意。

安定して台に短く返すことができるため、上級者がよく使う。
ツッツキほど守備的ではなく、フリックやチキータほど攻撃的ではない。
レシーブの質を上げることができれば4球目で攻撃を仕掛けやすい。

正面アングル

横アングル

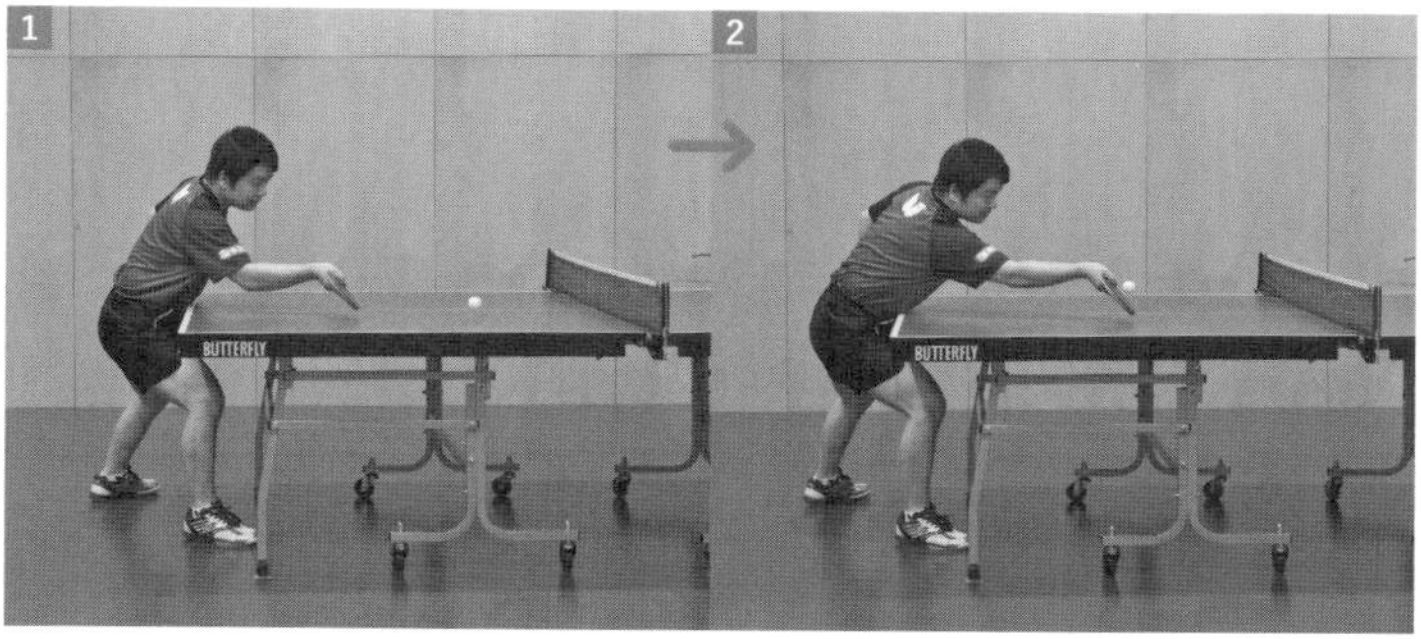

試合で有効な使い方

レシーブを短く返して相手の強打を防ぎたい時に使うと効果を発揮する。リスクを負いたくないが、できれば攻撃に転じたいという場面で有効。レシーブの質を上げれば上げるほど4球目で攻撃を仕掛けやすくなるので、点差が開いた場面よりも競り合った場面で使いたい。

レシーブテクニック④

フリック

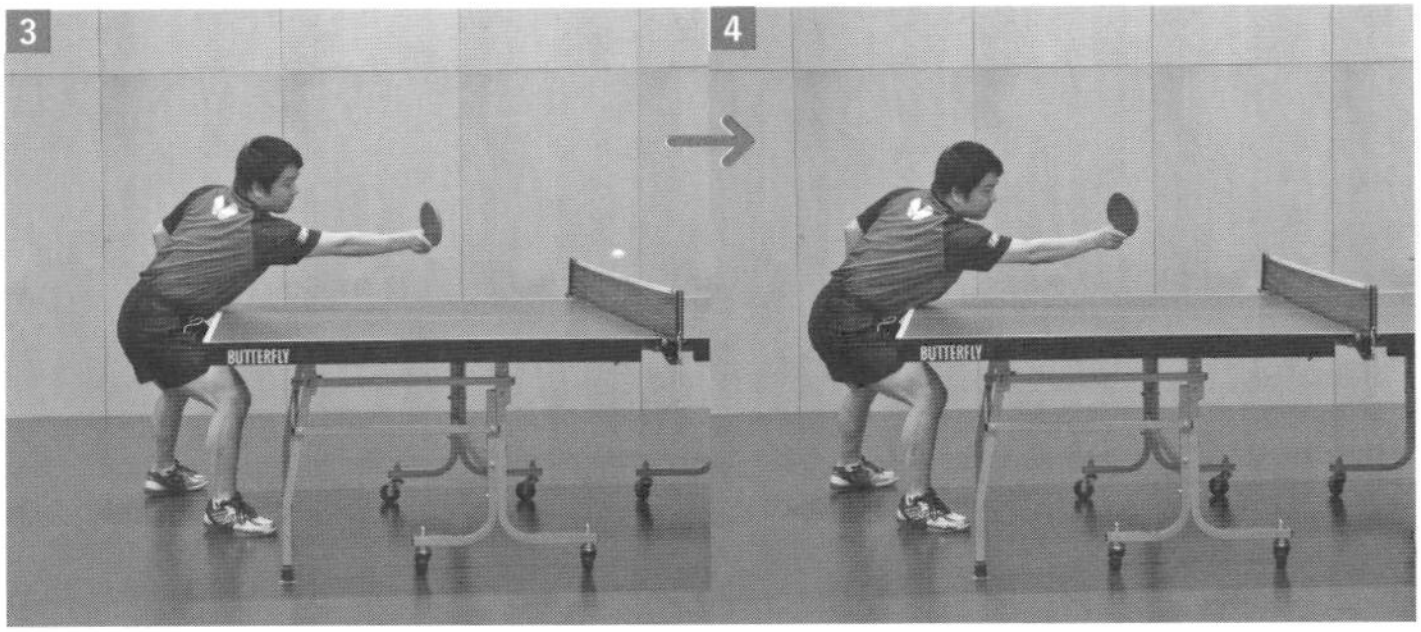

●レシーブの性質と特徴

下回転に対してはむずかしいが、ナックルや横上回転のサーブに対して相手の意表を突くことができるハイレベルなレシーブ。ただし、回転を見誤るとミスに直結してしまうので注意が必要。リスクを伴うが、成功すれば4球目以降の展開で優位に立つことができる。

ナックルや横上回転のサーブに対して相手の意表を突く攻撃的レシーブ。
回転の見極めに失敗すると、そのままミスに直結するので注意が必要。
大きくリードされた状況で使えば試合の流れを変えることもできる。

正面アングル

横アングル

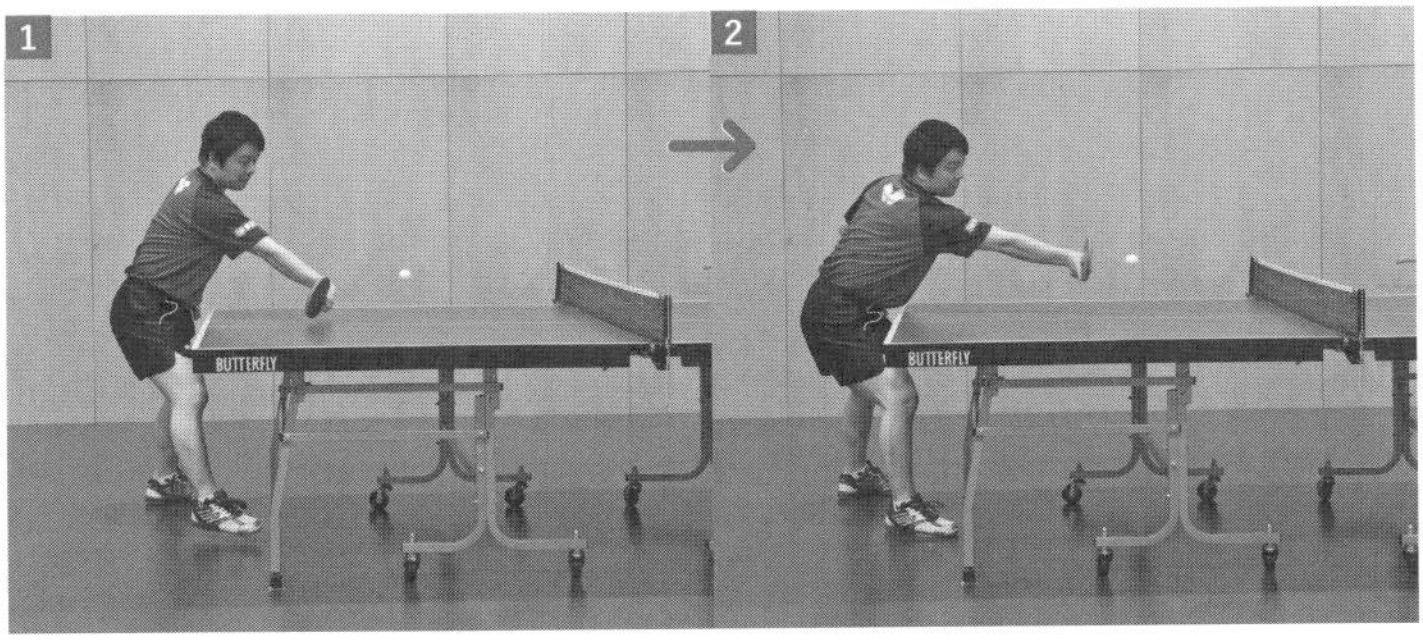

試合で有効な使い方

上回転やナックルサーブを多用する相手に有効。ミスをするリスクを伴うため、競り合いの場面よりも点差が開いた状況で使いたい。自分がリードした状況では思い切って勝負を仕掛けることができ、相手に大きくリードされている状況では試合の流れを変えることができる。

レシーブテクニック⑤

チキータ

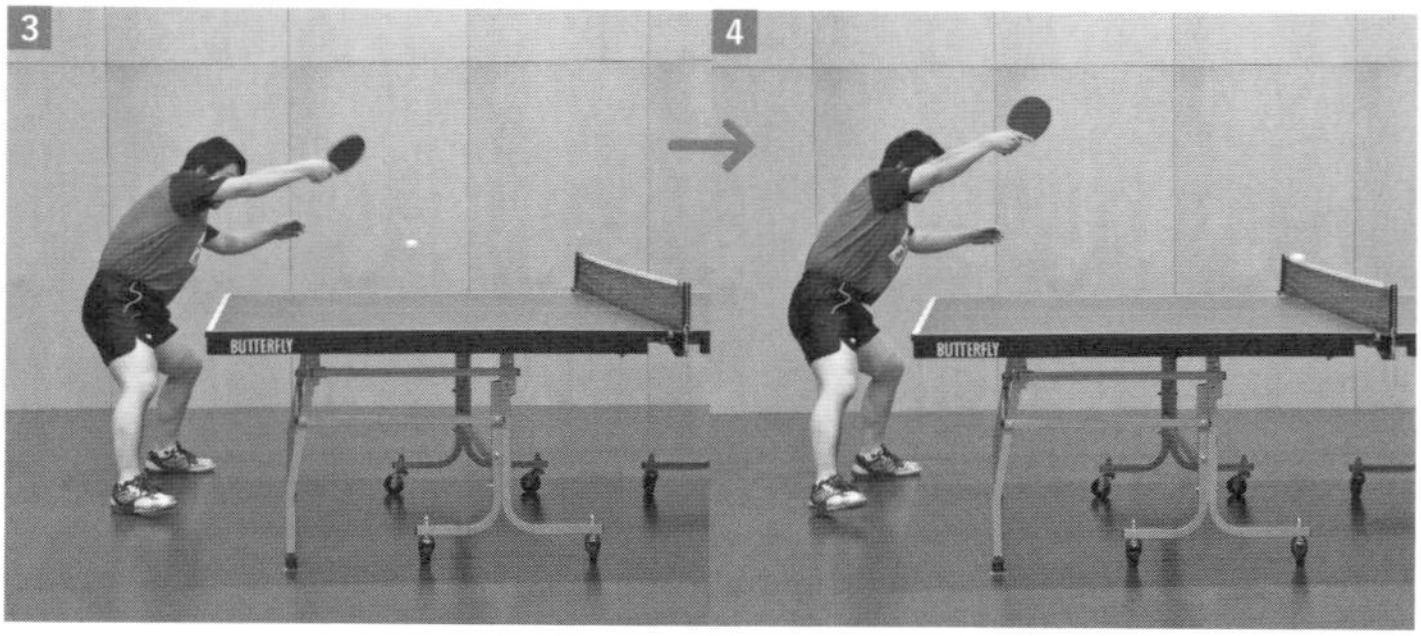

●レシーブの性質と特徴

現代卓球でトップレベルを目指すためには欠かせない超攻撃的なレシーブテクニック。2球目から攻撃を仕掛けることができるうえ、フリックよりも安定性がある。ただし、ツッツキやストップなど他の基本的なレシーブをしっかりマスターしてから取り組むこと。

最近の卓球ではどのレベルでもよく使われる攻撃的なレシーブ。
しっかりマスターすれば、フリックよりも安定性が生まれる。
試合の局面を選ばず、つねに２球目から攻撃できるのが最大の特徴。

正面アングル

横アングル

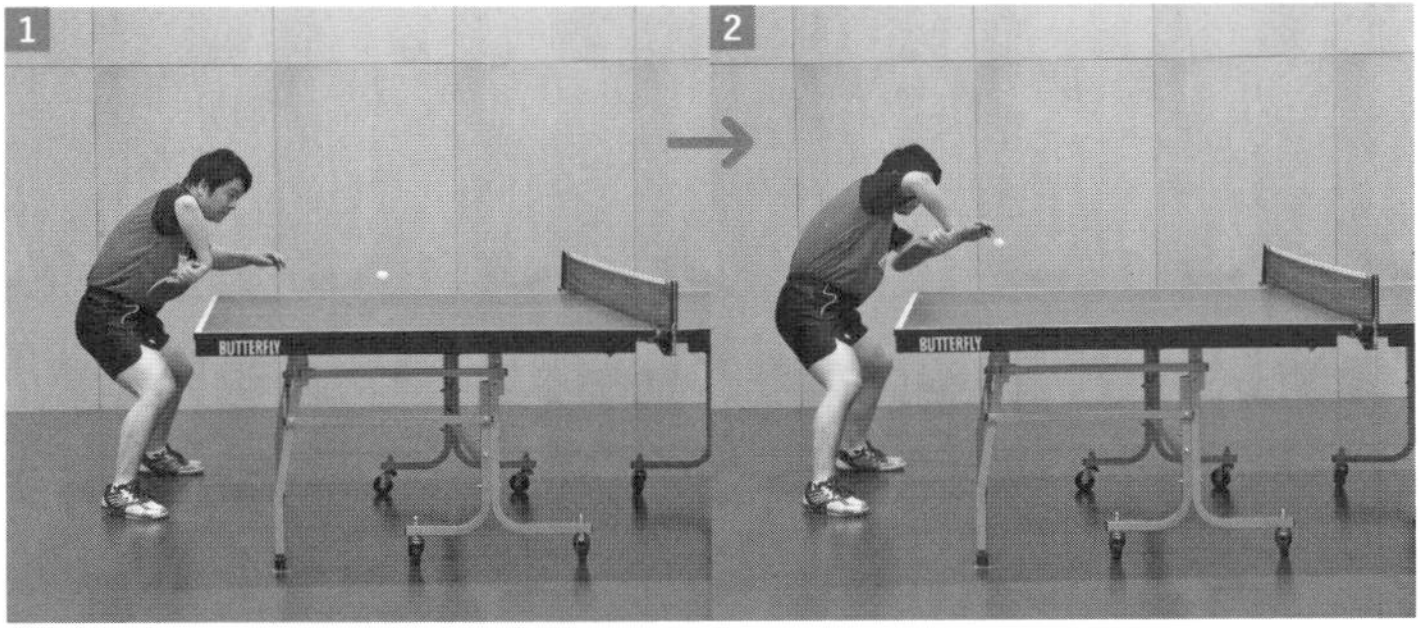

試合で有効な使い方

確実にマスターすることができれば、試合の局面を問わず、いつでも使える。チキータだけではその威力が半減するので、他のレシーブと組み合わせて使うことによって、相手に的を絞らせないという効果が生まれる。トップレベルになると相手に狙われるので要注意。

レシーブテクニック⑥

フォアロング

●レシーブの性質と特徴

相手のロングサーブに対する唯一の対処方法で、必ずマスターしておかなければいけないテクニック。特にチキータをよく使う選手は、相手がチキータ封じとしてロングサーブを出してくるケースがよくあるので、試合中はつねにそれを頭に入れておく必要がある。

相手がロングサーブを出してきた場合に使うマストのテクニック。
チキータ封じとしてロングサーブを出すケースが増えているので、
チキータを得意とする選手にとってはとても重要なレシーブ。

正面アングル

横アングル

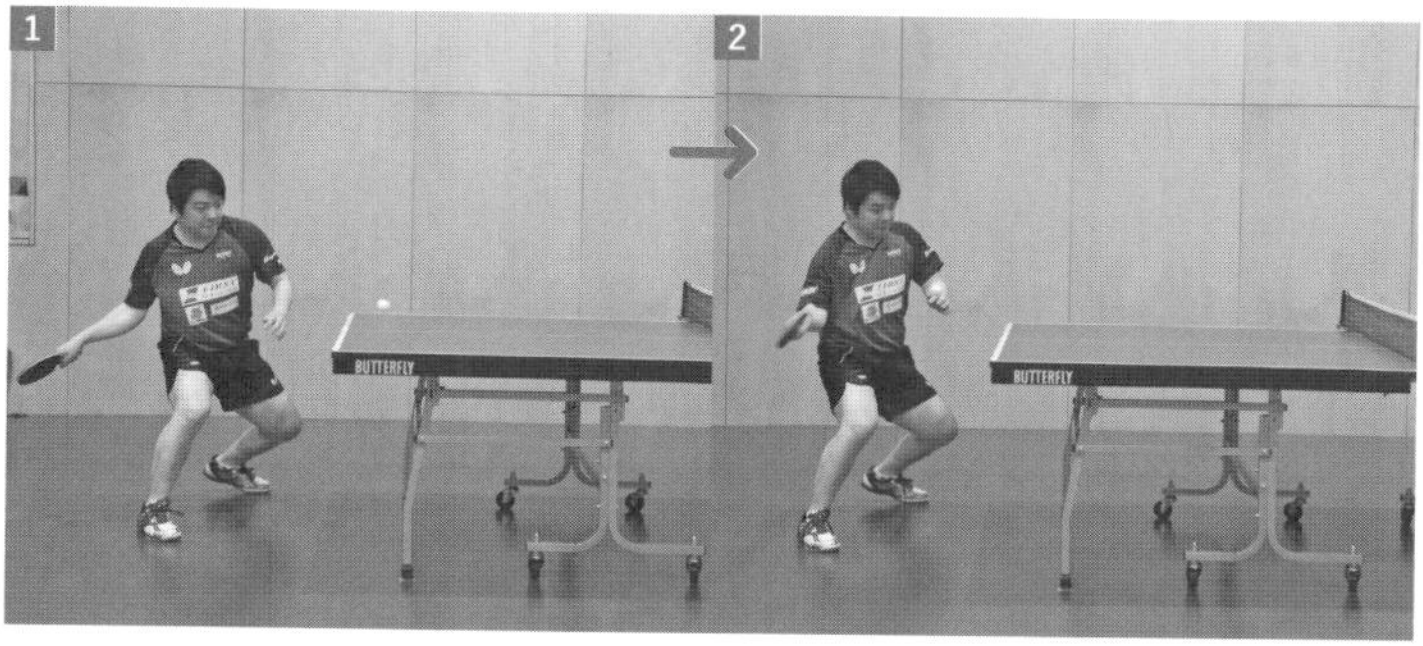

試合で有効な使い方

試合の局面にかかわらず、相手がロングサーブを出してきた場合に使う。ロングサーブに対してツッツキなどでレシーブすると、その時点で相手にビッグチャンスを与えることになるので、ロングサーブに対してはロングでレシーブすることになる。

レシーブテクニック⑦
バックロング

前ページで紹介したフォアロングのバックハンドバージョン。
特徴や使うと有効な場面は基本的にフォアハンドと同じ。
基本テクニックとしてフォアとバックの両方をマスターしよう。

正面アングル

横アングル

回転に対するラケットの角度①

上回転に対する ラケット角度

上回転のボールに対し、ラケットを垂直にして打球すると
ボールは上方向に反発しながら飛んでいくので、
台に返すためにはラケットを下に向けた状態で打球する。

●チェックポイント

上回転がかかったボールに対してラケットを垂直に立てた状態で打球すると、ボールは上方向に弾かれる。そこで、ボールを台に入れるためにはラケットの角度を下に被せて打球する。回転量が少なければ角度は浅く、回転量が多ければ角度を深くする。

■ラケットを垂直にした状態

※「右利き対右利き」を想定

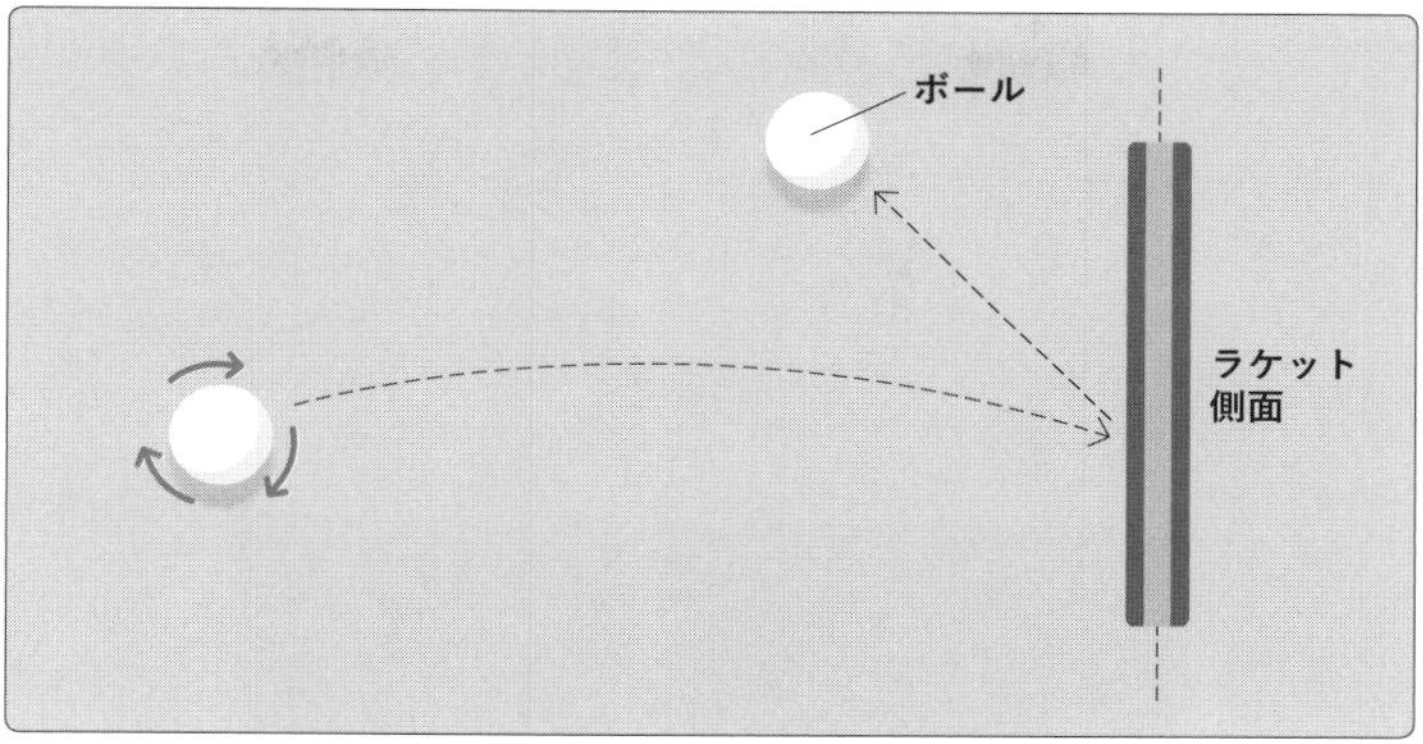

上回転のボールに対してラケットを垂直にして打球すると、
ボールは上方向に弾かれる

■ラケットを下に被せた状態

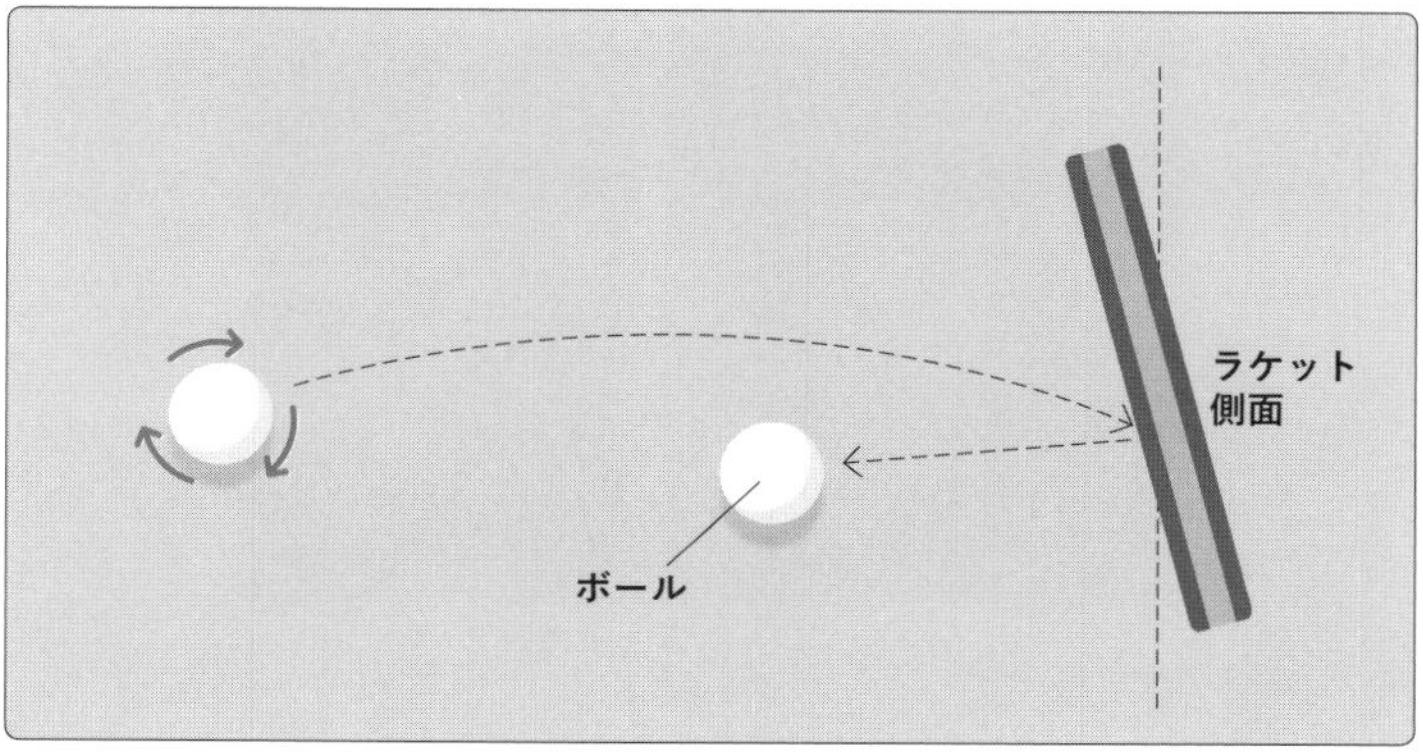

上回転のボールを台に返すためには、
回転量が多ければ多いほどラケットの面を下に向けて打球する

回転に対するラケットの角度②

下回転に対する ラケット角度

下回転のボールに対し、ラケットを垂直にして打球すると
ボールは下方向に反発しながら飛んでいくので、
台に返すためにはラケットを上に向けた状態で打球する。

●チェックポイント

下回転がかかったボールに対してラケットを垂直に立てた状態で打球すると、ボールは下方向に弾かれる。そこで、たとえばツッツキでボールを台に入れるためにはラケットの角度を上に向けて打球する。ただし、フリックを使う場合は下に被せて打球する。

■ラケットを垂直にした状態

※「右利き対右利き」を想定

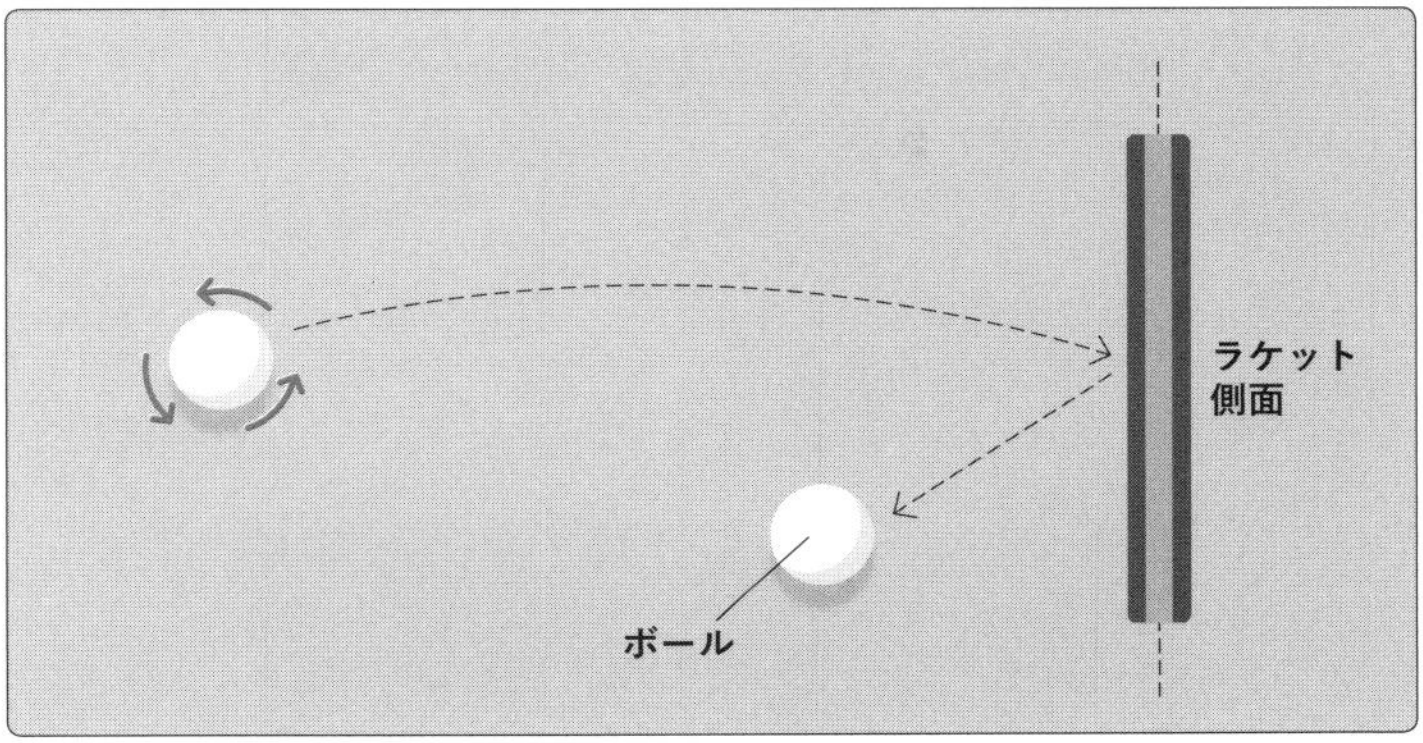

下回転のボールに対してラケットを垂直にして打球すると、
ボールは下方向に弾かれる

■ラケットを上に向けた状態

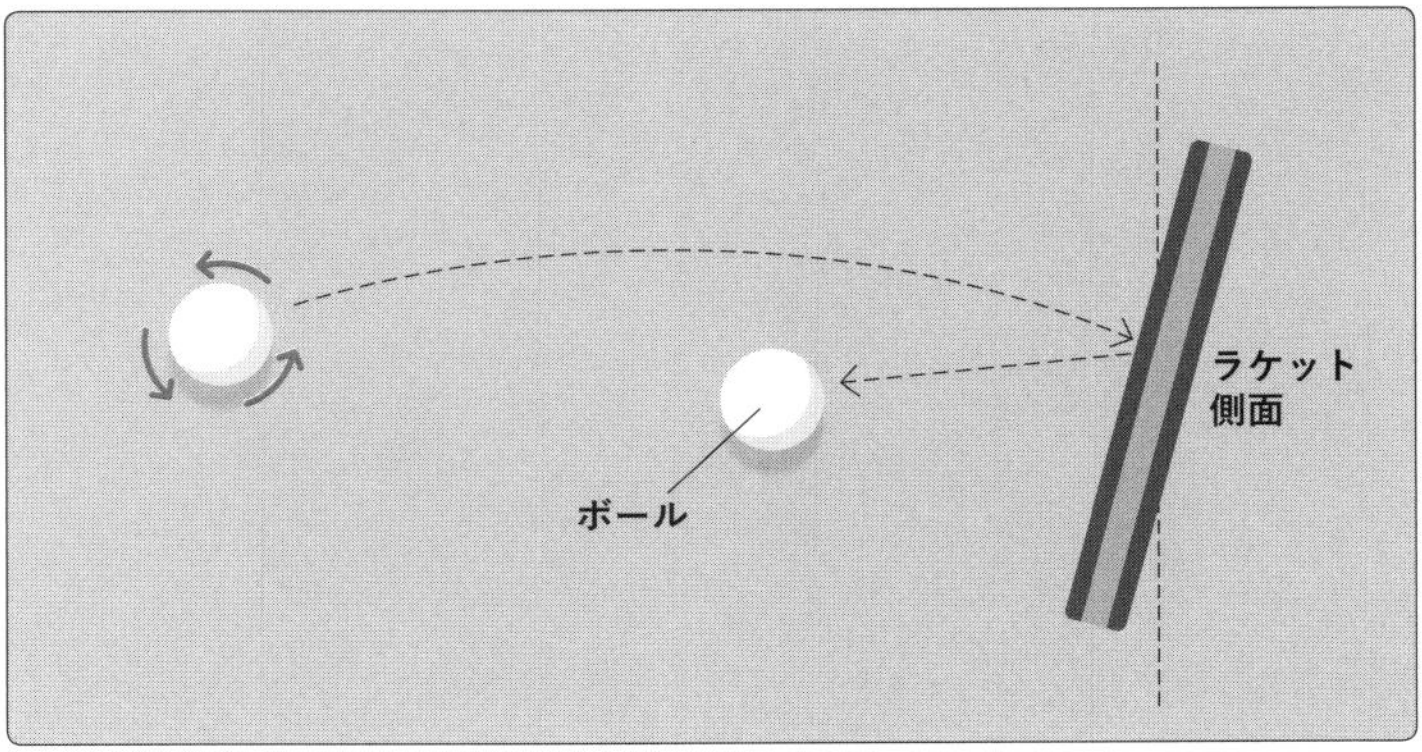

下回転のボールをツッツキを使って台に返すためには、
ラケットの面を上に向けて打球する

回転に対するラケットの角度③

順横回転に対するラケット角度

順（右）横回転のボールに対し、ラケットを正面に向けて打球すると
ボールは右方向に反発しながら飛んでいくので、
ボールを台に返すためにはラケットの面を左方向に向けて打球する。

●チェックポイント

順（右）横回転のボールに対してラケットの面を正面に向けて打球すると、ボールは右に弾かれる。そこで、台に返すためにはラケットの面を左方向に向けて打球する。それ以外にも、回転と同じ左方向にスライドさせながら打球して返す方法もある。

■ラケットを正面に向けた状態

※「右利き対右利き」を想定

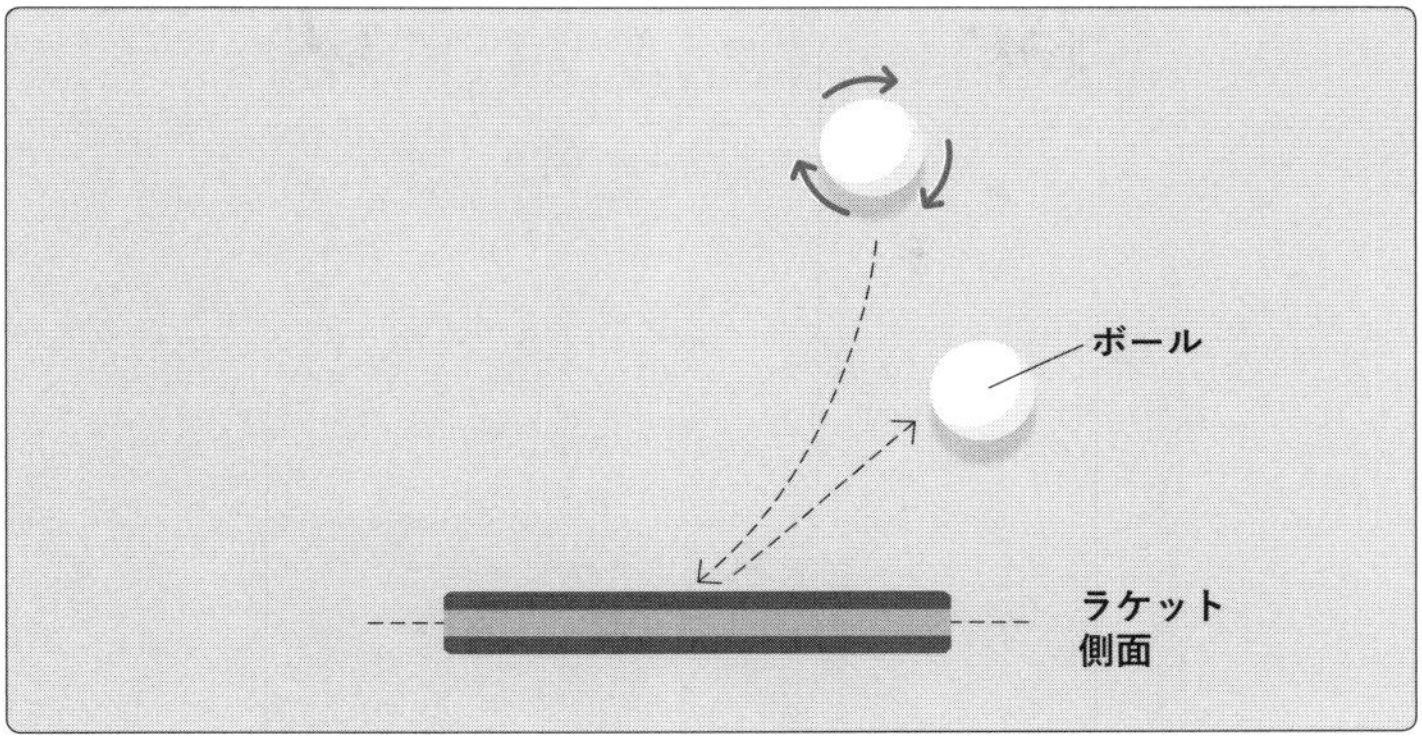

順（右）横回転のボールに対してラケットを正面にして打球すると、
ボールは右方向に弾かれる

■ラケットを左に向けた状態

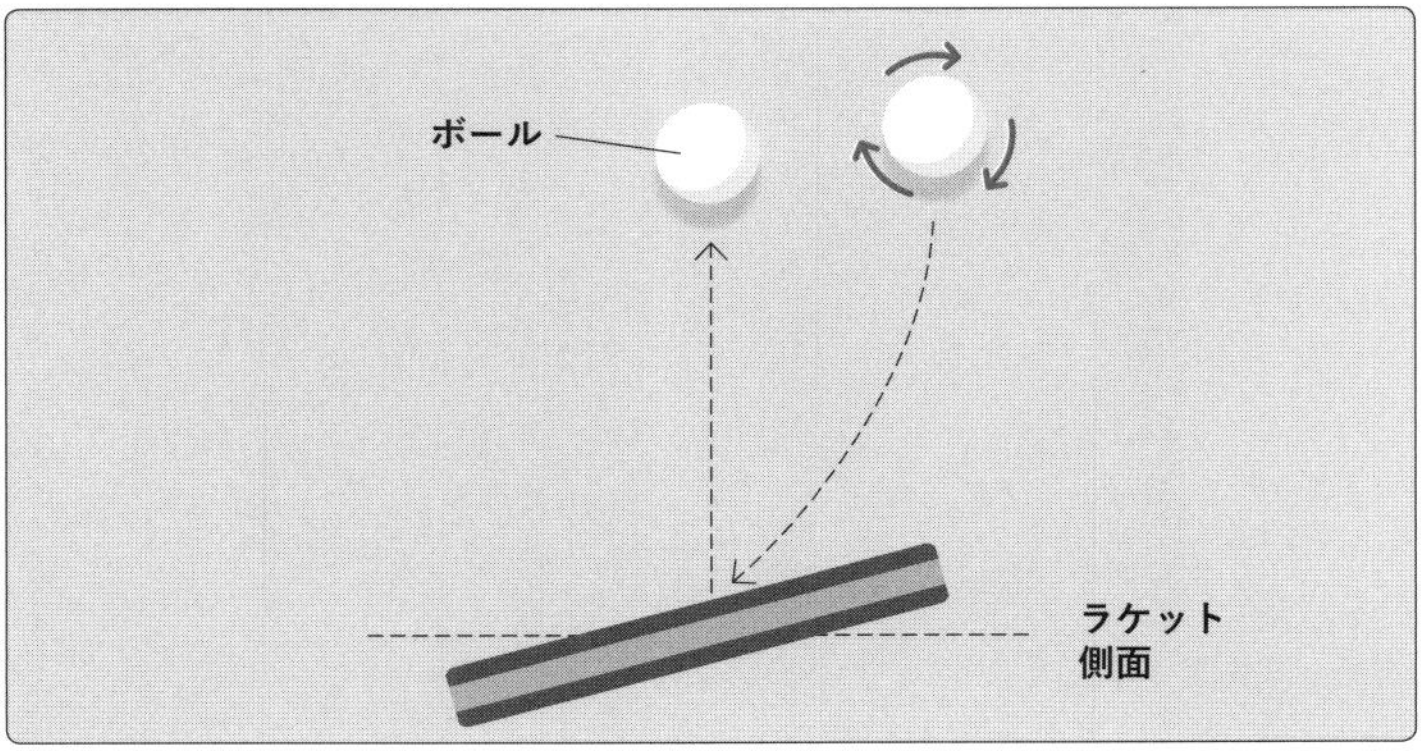

順（右）横回転のボールを台に返すためには、
ラケットの面を左方向に向けた状態で打球する

回転に対するラケットの角度④

逆横回転に対するラケット角度

逆（左）横回転のボールに対し、ラケットを正面に向けて打球すると
ボールは左方向に反発しながら飛んでいくので
ボールを台に返すためにはラケットの面を右方向に向けて打球する

●チェックポイント

逆（左）横回転のボールに対してラケットの面を正面に向けて打球すると、ボールは左に弾かれる。そこで、台に返すためにはラケットの面を右方向に向けて打球する。それ以外にも、回転と同じ右方向にスライドさせながら打球して返す方法もある。

■ラケットを正面に向けた状態

※「右利き対右利き」を想定

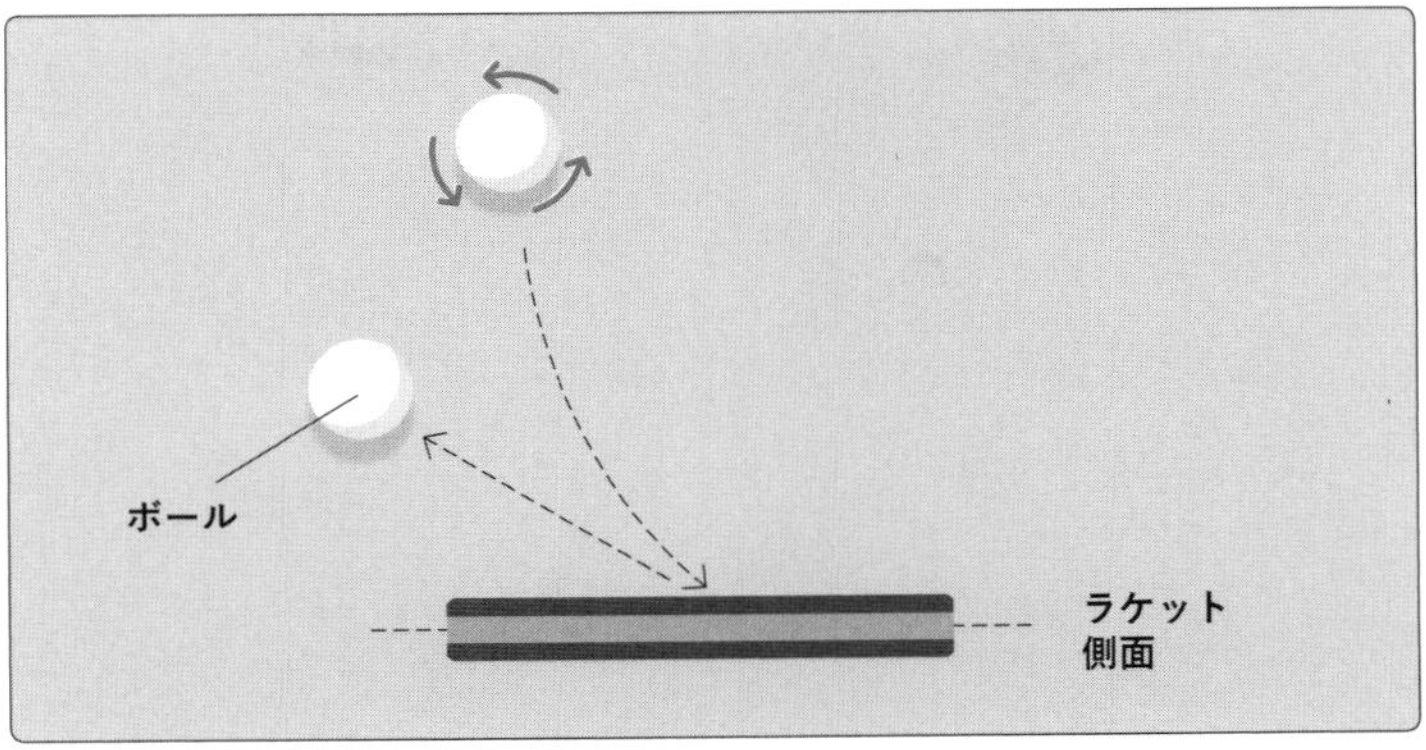

逆（左）横回転のボールに対してラケットを
正面にして打球すると、ボールは左方向に弾かれる

■ラケットを右に向けた状態

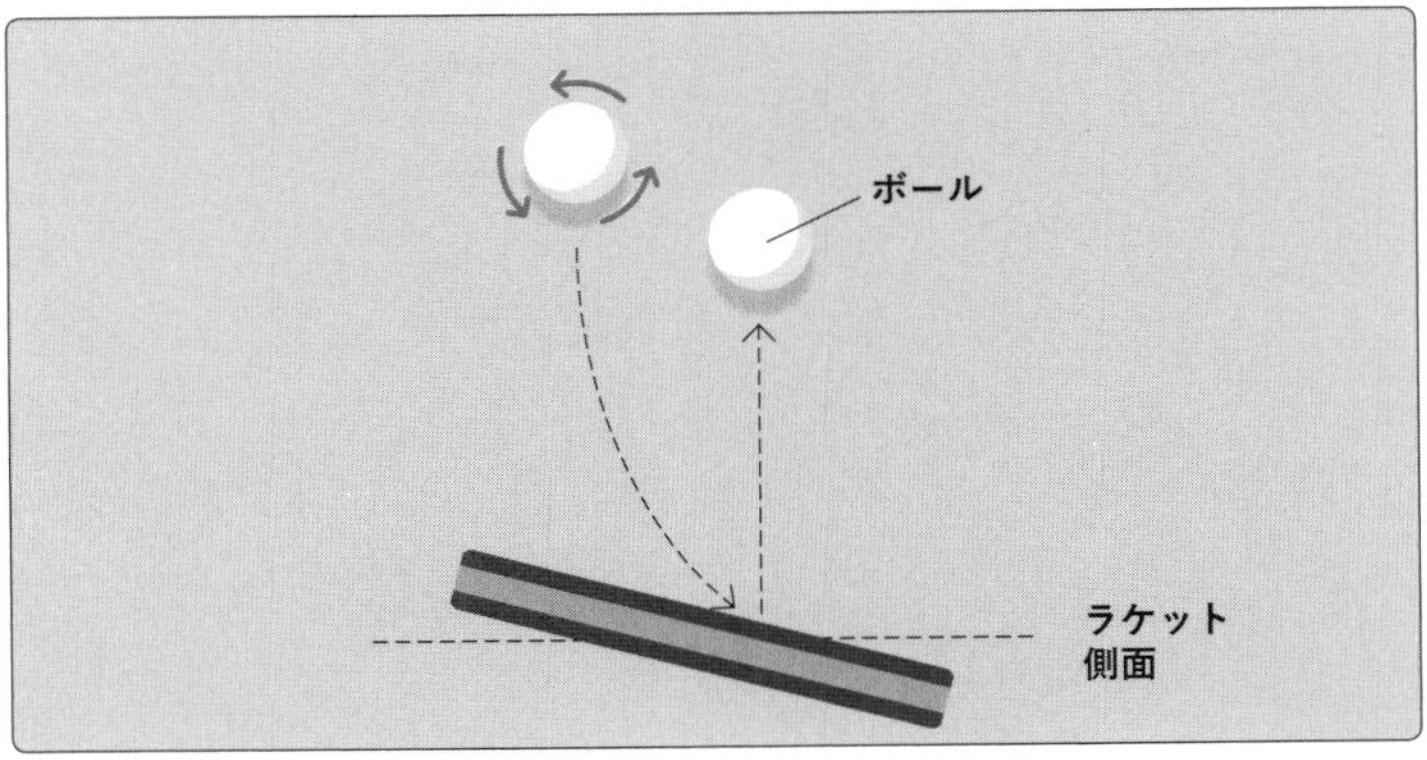

逆（左）横回転のボールを台に返すためには、
ラケットの面を右方向に向けた状態で打球する

FIRST
KYOCERA

第4章

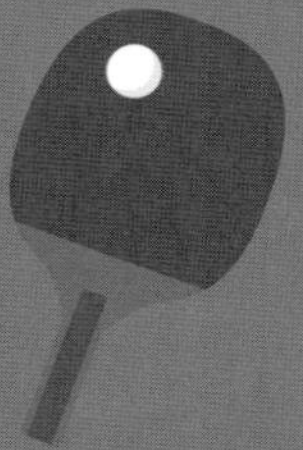

3球目戦術

サーバー側にとって得点するためのカギとなるのが3球目攻撃だ。
3球目で良い攻撃をするためには、サーブの精度を上げると同時に、
自分の得意なかたちに持ち込む戦術を組み立てることが重要になる。
3球目戦術のセオリーを理解し、より多くのパターンを考えよう。

3球目戦術最大のキーポイントは「攻撃すること」

点を取り合う卓球の試合において、**サーブ側の優位性を生かすために重要なポイントになるのが、相手レシーブ後の3球目攻撃**です。

もちろん、サービスエースで得点できれば理想的ですが、実際は相手次第の部分もあるため、そう簡単にはいきません。そこで多くの選手は、いかに3球目攻撃を得点につなげるかを考えて戦術を組み立てます。また、3球目で得点できなかったとしても、3球目で攻撃を継続することができれば、5球目以降の展開で自分が得点を狙いやすい状況が生まれます。

逆に、3球目で守備的になってボールを置きにいってしまうと、レシーブ側に4球目攻撃のチャンスを与えてしまうことになります。そうなった場合、ラリー後は守備側に回る確率が高くなり、結局は失点のリスクを高めてしまいます。

そもそもラリーになった段階で勝負は五分五分の状況と言えるので、サーブ側としては、そのような展開は避ける必要があります。

だからこそ、**3球目戦術の最大のカギは「攻撃すること」**にあります。そして、そのためには良いサーブを出して相手のレシーブを甘くさせることも重要です。

たしかにレベルが上がれば上がるほど相手のレシーブの質も高くなるため、3球目で得点することがむずかしくなるのも事実です。しかしそのレベルを問わず、卓球ではサーブから3球目までに得点が決まるケースが多いので、初級者や中級者も3球目の重要性とそのための戦術を、早い段階から意識してほしいと思います。

自分が得意とするプレーを生かした3球目戦術を考えよう

では、具体的に３球目戦術を考える時、どのような観点からそれを組み立てれば良いのでしょうか？

まずひとつのセオリーとして、**「自分が得意とするプレーをベースにして考える」**ことが挙げられます。

たとえば、自分はフォアハンドが得意なのか、バックハンドが得意なのか、それとも両ハンドとも得意なのかによって、３球目戦術の組み立ては変わってきます。仮にバックが苦手でフォアが得意なのであれば、相手が返してくるレシーブを自分のフォア側に誘導するようなサーブを出す必要があります。それはペンホルダーも同じで、できるだけフォア側に誘導して３球目攻撃につなげるサーブが求められます。

少なくとも、3球目で自分が苦手とするかたちを強いられるようなサーブを出すのは厳禁です。3球目攻撃を自分が得意とするかたちに持ち込めるような種類のサーブを基本にして、3球目戦術を考えるのが鉄則です。そうすることによって、もし3球目で得点できなかった場合でも、5球目以降に有利なラリー展開をキープできる確率が上がります。

相手のレベル次第ですが、たとえば右利きの選手が、右利きの相手に対して順横回転（右回転）のサーブを出すことで、レシーブをフォア側に誘導する効果が見込めます。その場合、相手はツッツキなどでフォア側に返してくる確率が高いので、フォアハンドで3球目攻撃を仕掛けやすい状況が生まれます（**図7**）。

それ以外にも、どの回転のサーブを出せばどのようなレシーブが返ってくる確率が高いのかをしっかり頭と体に染み込ませておくことも、3球目戦術を考える時の重要な要素になります。

図7　3球目をフォアで強打する戦術パターン例
（自分と対戦相手がともに右利きの場合）

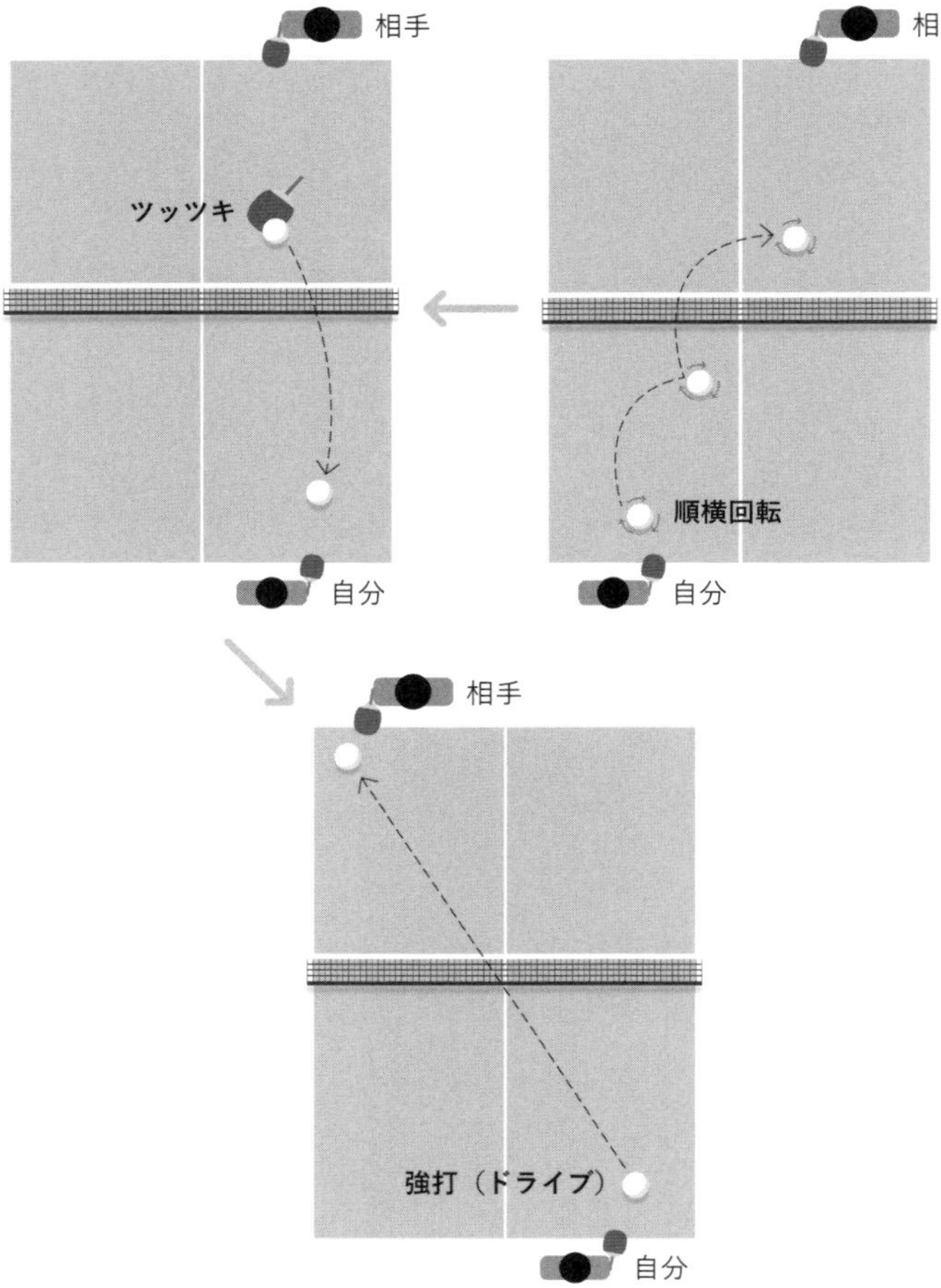

どのタイミングでロングサーブを出すと有効なのかを考えよう

そしてもうひとつ、３球目戦術を考える時のポイントとしては、**「ロングサーブの使い時」**も挙げられます。

第２章で詳しく触れましたが、サーブ戦術はショートをベースにして組み立てるのが一般的です。しかしショートサーブを出した場合、相手が短いレシーブを返すこともあれば、長いレシーブを返してくることもあり、３球目攻撃で得点を狙うには的を絞りにくいという弊害も出てきます。

そこで、試合のなかで３球目攻撃を仕掛けるタイミングを見計らい、思い切ってロングサーブを出すことが有効になります。ロングサーブは速いサーブなので、**相手がストレート方向にレシーブを返すのがむずかしく、ほとんどのケースでクロス方向にレシーブを返してきます。**

さらに、良いロングサーブを出せば、相手は短いレシーブを返せないので、ほぼ長いレシーブが返ってくることを予測して強打することができます。とてもシンプルな戦術ではありますが、これはトップレベルの試合でもよく使われる3球目戦術の基本なので、ぜひ覚えておいてください（図8）。

もっとも、ロングサーブを相手に読まれた場合はレシーブ攻撃されるリスクがあるので、どのタイミングでロングサーブを使うか、その「使い時」がとても重要になります。そういう意味でも、いかに相手に読まれないようにするかなど、つねにそのタイミングを見計らいながら試合を進めることを忘れないでください。

図8　ロングサーブを使った3球目戦術パターン例
（自分と対戦相手がともに右利きの場合）

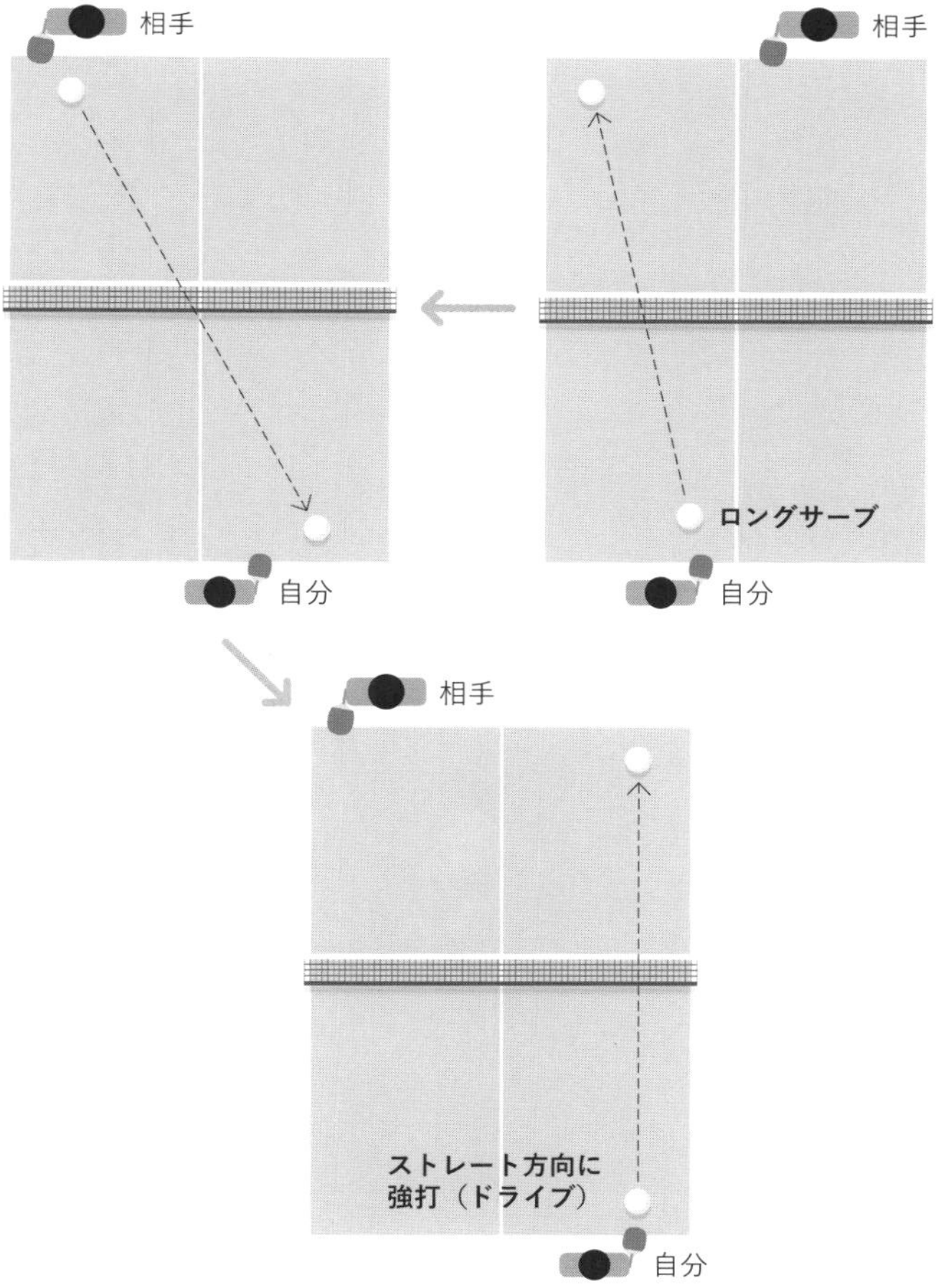

効果的な3球目戦術は まず良いサーブを出すことが大前提

私の場合は、フォアもバックも両方得意だったので、３球目戦術のバリエーションは多かったと思います。

そのなかでもよく使っていた戦術は、バック側にレシーブを集めて、バックハンドで3球目攻撃を仕掛けるというパターンでした。最近は速い卓球が主流になっているので、トップレベルではチキータの使い手が増えましたが、当時はそれほど攻撃的なバックハンドを持っている選手も多くなかったので、とても有効な3球目戦術でした。

いずれにしても、３球目戦術は正確で安定したサーブがなければ成立しないので、まずは**サーブ戦術のセオリーを念頭に、サーブの質を上げることが絶対条件**です。また、サーブの質が上がれば上がるほど、３球目で攻撃できる確率も上がります。逆に、もし自分が思い描いたサーブを出せなければ、その時点で組み立てた3球目戦術は崩壊してしまいます。そういう意味でも、良い3球目戦術は、良いサーブを出すことが大前提であることを忘れないでください。

また、試合のレベルが上がれば上がるほど、相手はこちらの狙いどおりの展開に持ち込ませないようなレシーブを返してくるので、より多くの3球目戦術を考えておく必要が出てくるでしょう。とはいえ、卓球の原理原則はどのレベルにも共通しているので、初級者や中級者の人には、確実性の高い3球目戦術から身につけることをおすすめします。そのうえで、セオリーに沿って3球目戦術を基本から応用へと発展させていくことが、レベルアップのための近道となるはずです。

この章の最後に3球目戦術パターンの具体例を紹介していますので、それを参考にしながら自分なりの戦術を組み立ててみてください。

3球目戦術 パターン 1

※すべての戦術パターンは「右利き対右利き」の対戦を想定

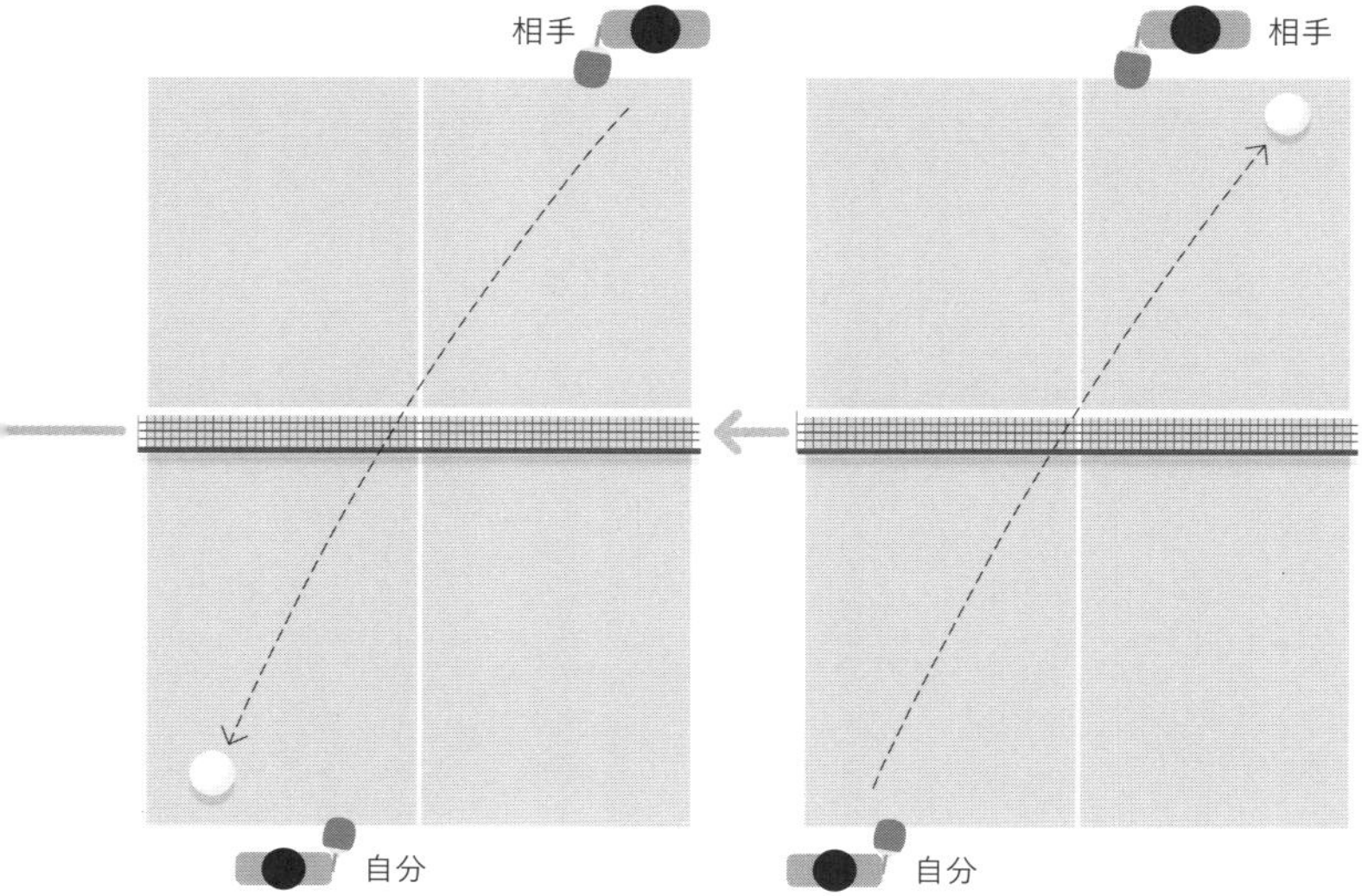

相手がバックハンドで
ロングのレシーブをクロスに返してくる

相手のバックハンド側に
ロングサーブを出す

●戦術の狙いとポイント

初級者がよく使うロングサーブを使ったシンプルな戦術パターン。ロングサーブを出すと、相手のレシーブはロングでしか返ってこないことを利用し、相手のバック側にロングサーブを出す。相手が初級者であればクロスに返ってくるケースがほとんどなので、それを予想して回り込み、3球目をフォアハンドで強打する。3球目はストレート、ミドル、クロスと、自分が打ちやすい方向へ強打して一気に得点を狙う。

for beginners
初級者向け3球目戦術

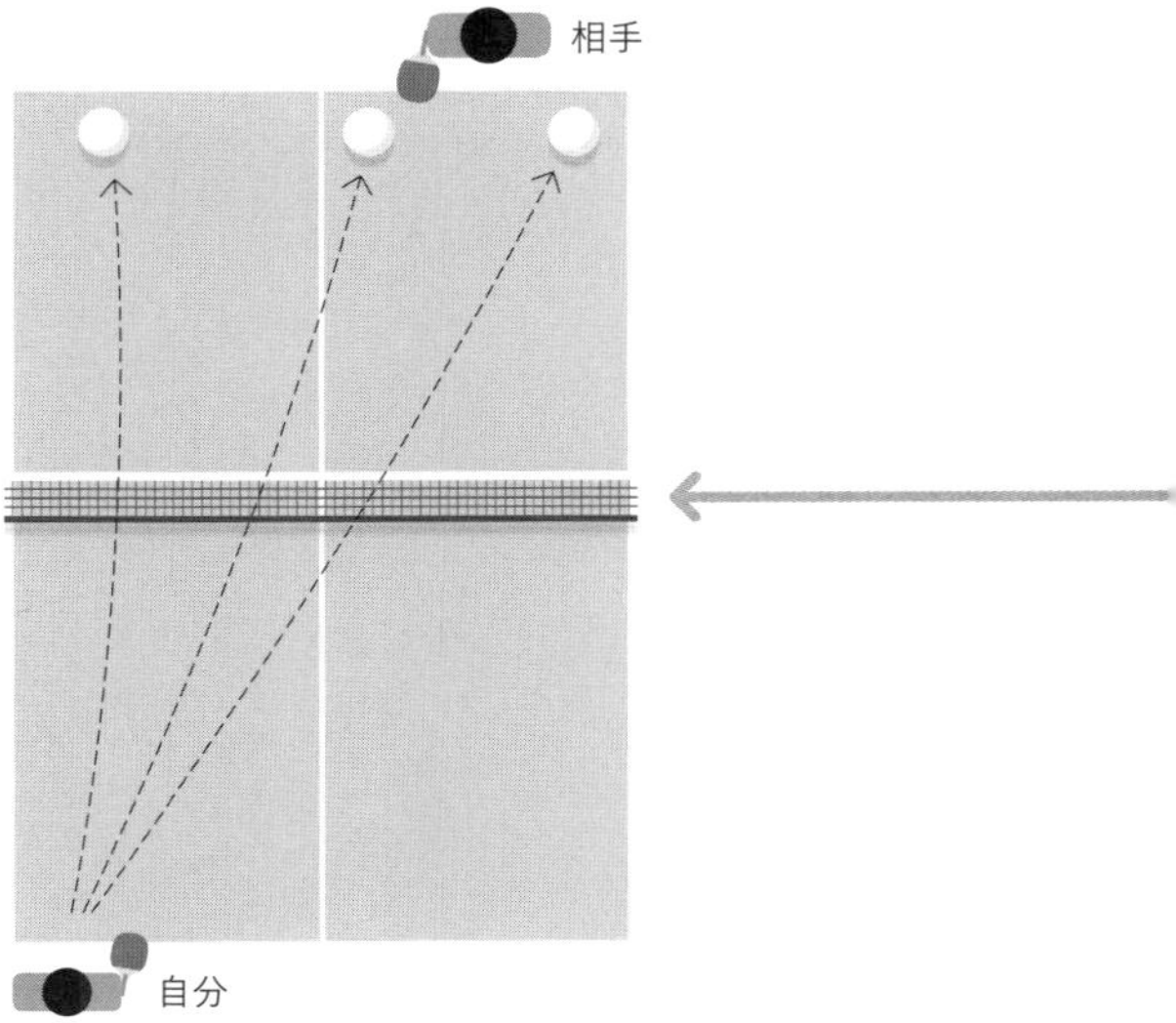

相手がロングで返してくることを予想して、
回り込んでフォアハンドのスマッシュ（強打）で得点を狙う

注意点

サーブの精度が低ければ成立しないので、まずは相手のバック側に「低く、速く、深い」ロングサーブを正確に出すことが条件。それができれば、自分のバック側にレシーブが返ってくる確率がより高くなる。

3球目戦術

パターン 2

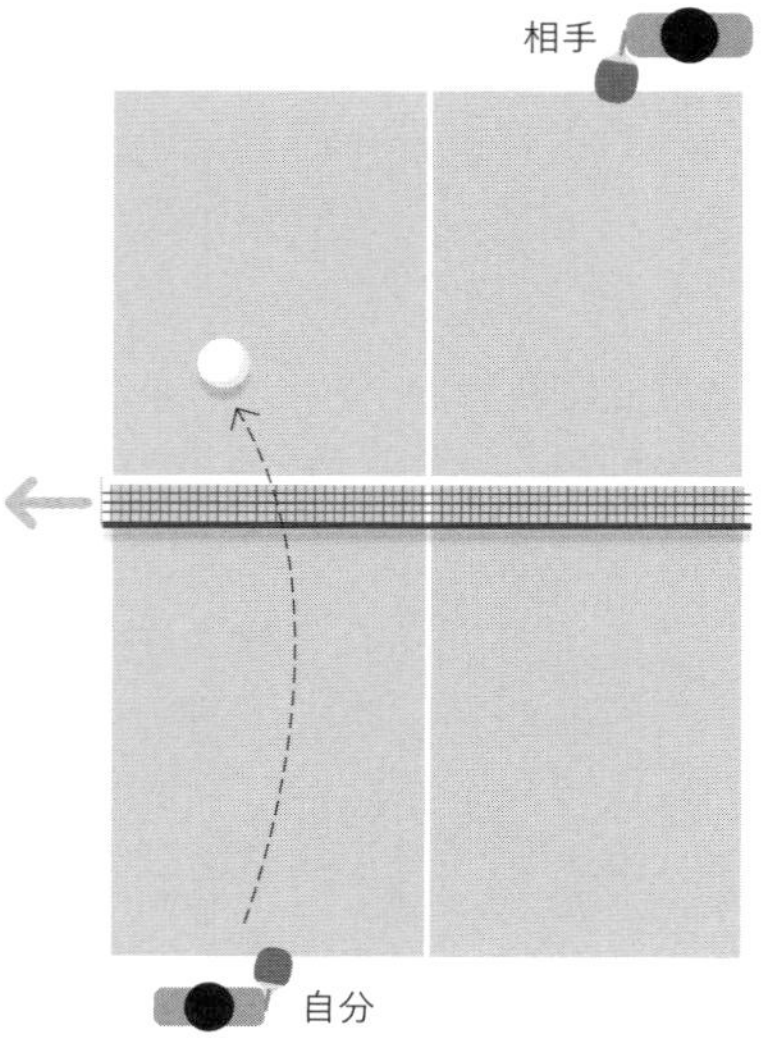

相手のフォア前に
ショートサーブを出す（回転は自由）

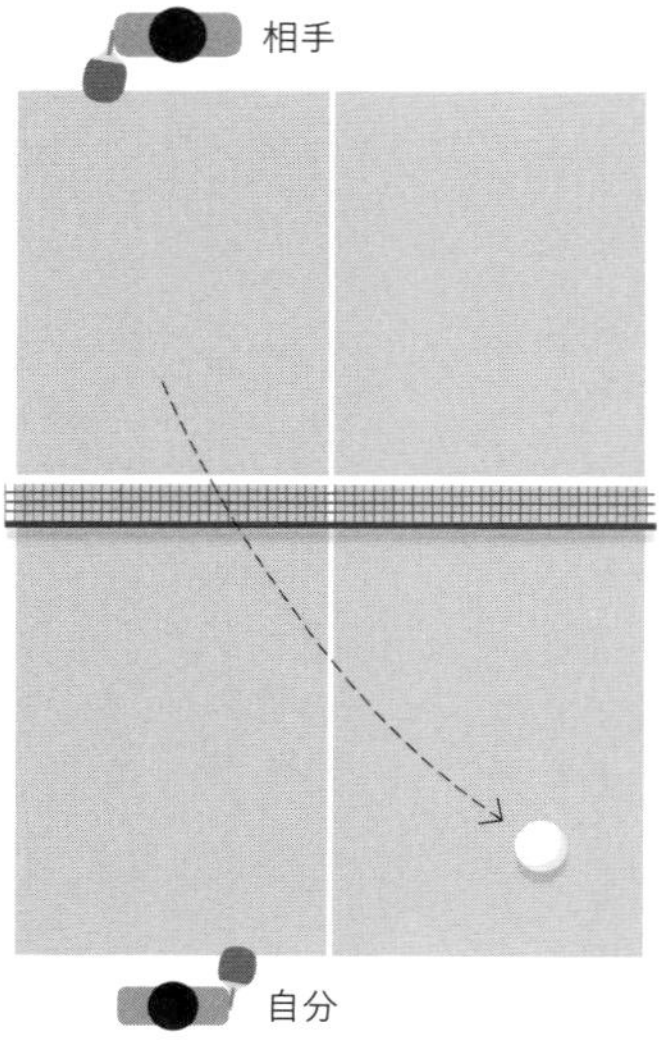

相手がツッツキなどで
フォア側にレシーブを返してくる

●戦術の狙いとポイント

相手のレシーブをフォア側に誘導してから強打する入門編の戦術パターン。フォア前にナックルか下回転など得意なショートサーブを出すと、相手が初級者の場合はツッツキなどで安全にクロス方向にレシーブを返してくる。それを想定し、素早くフォア側にステップを踏んでから、ストレート、ミドル、クロスなど打ちやすい方向へフォアハンドで強打する。3球目で得点できなくても、5球目攻撃につなぐことができる。

for beginners
初級者向け3球目戦術

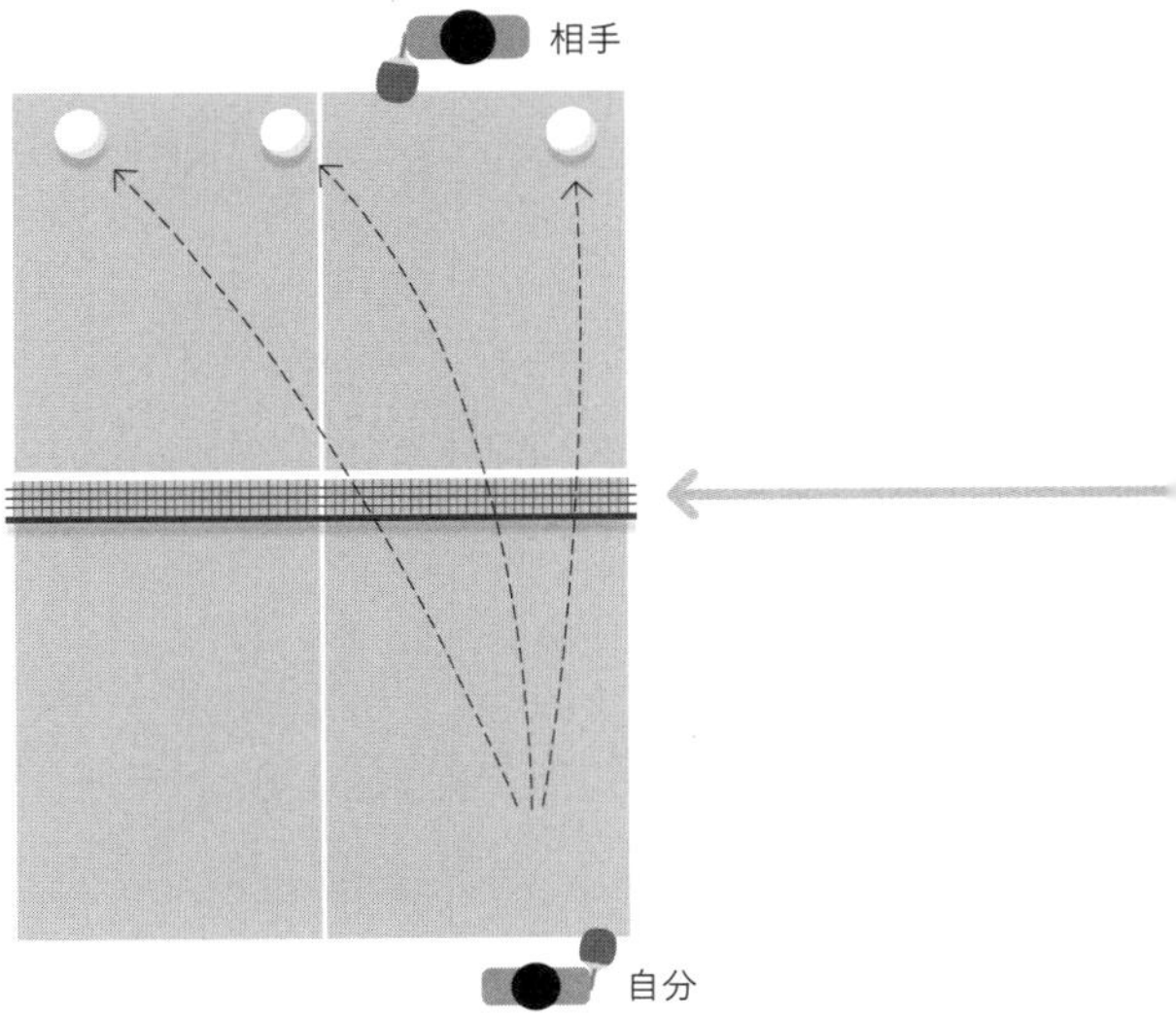

相手が自分のフォア側にレシーブを返してくることを想定し、
回り込んでフォアハンドで強打。得点を狙う、もしくは有利な展開につなげる

注意点

フォア前に正確なサーブを出すことはもちろん、3球目を良い体勢で打つために素早くフォア側に足を運ぶ。左足に重心を残したまま手だけで打球するのではなく、重心をしっかり右足に乗せた良い体勢で打つように心がける。

3球目戦術

パターン3

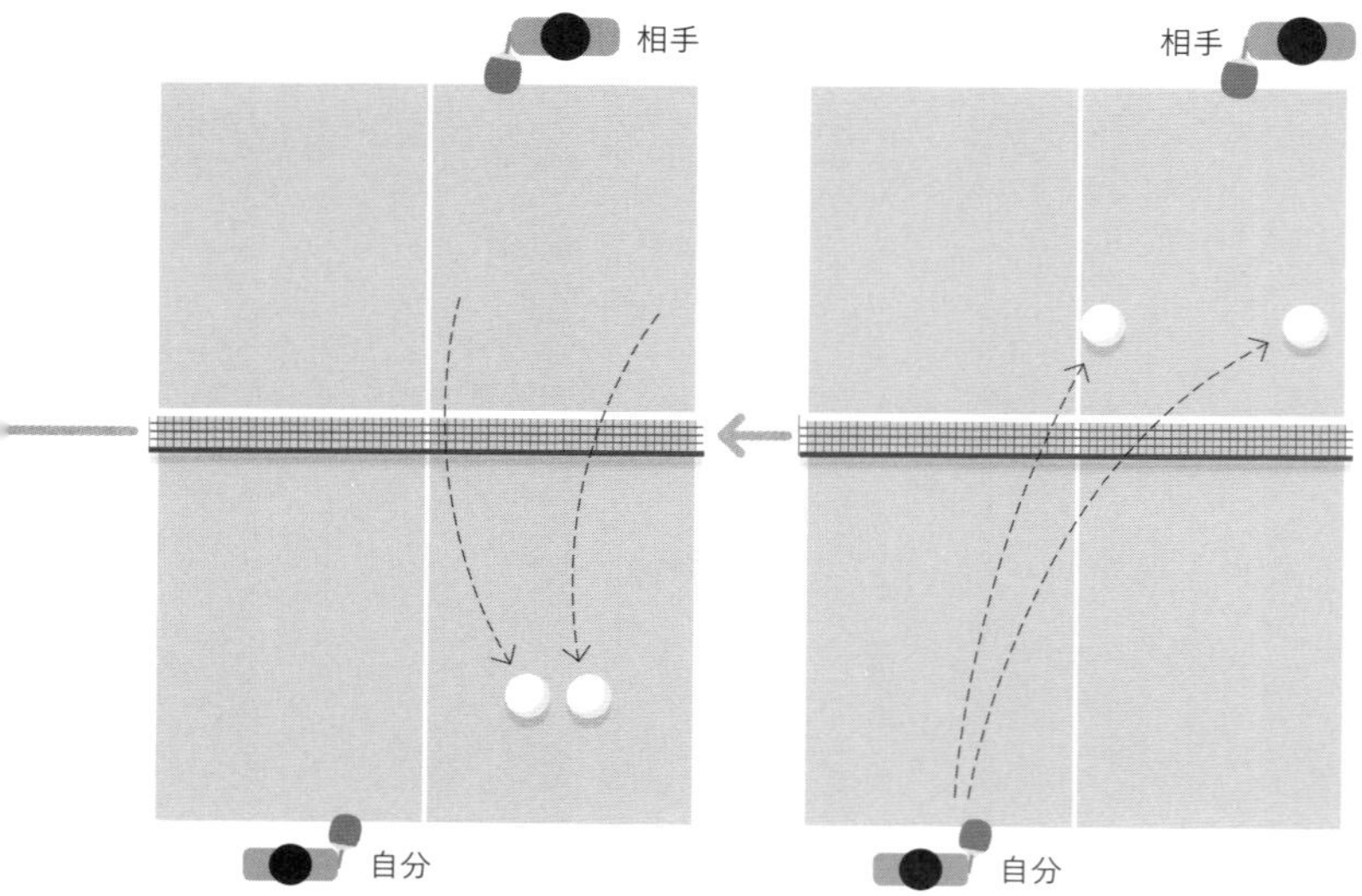

相手がツッツキなどで
フォア側にレシーブを返してくる

相手のフォア前またはミドル前に
順横回転のショートサーブを出す

●戦術の狙いとポイント

3球目戦術パターン2よりも、さらに高い確率で相手のレシーブをフォア側に誘導できる。フォア前に順横回転のショートサーブを出すと、相手はリスクを避けるためにツッツキなどでフォア側にレシーブを返してくる確率が高くなる。それを狙ってフォアハンドで強打し、得点を狙う。3球目を良い体勢で打つために、素早くフォア側にステップを踏むことが重要。得点できなくても5球目を有利な展開につなぐことができる。

for beginners

初級者向け3球目戦術

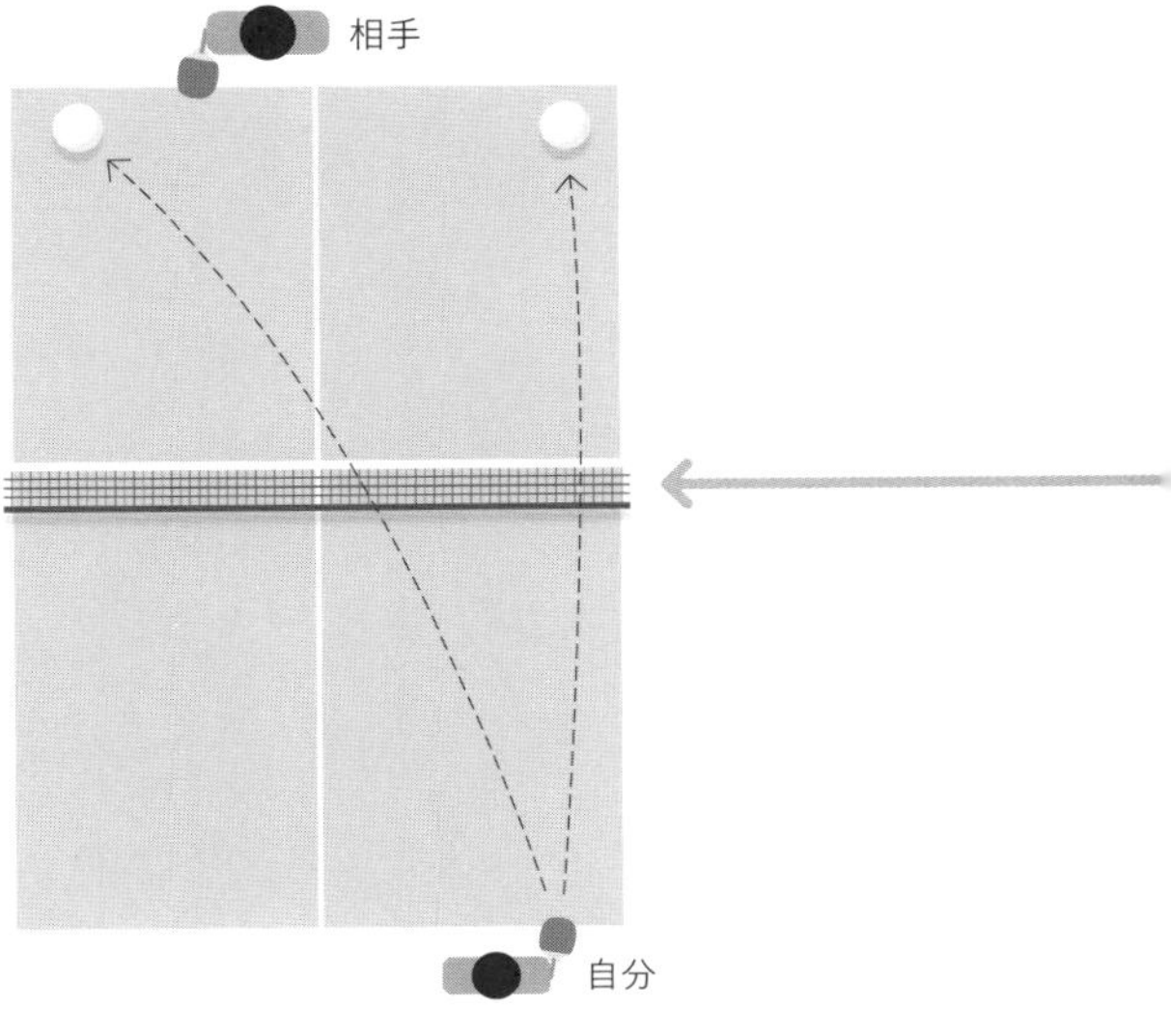

相手が自分のフォア側にレシーブを返してくることを想定し、
回り込んでフォアハンドで強打。得点を狙う、もしくは有利な展開につなげる

注意点

サーブに横回転を加えるので、まずは台から出ないように短いサーブを正確に出すことがポイントになる。それができれば相手のレシーブ攻撃を防ぐことができるので、3球目で攻撃しやすい状況が生まれる。

3球目戦術
パターン4

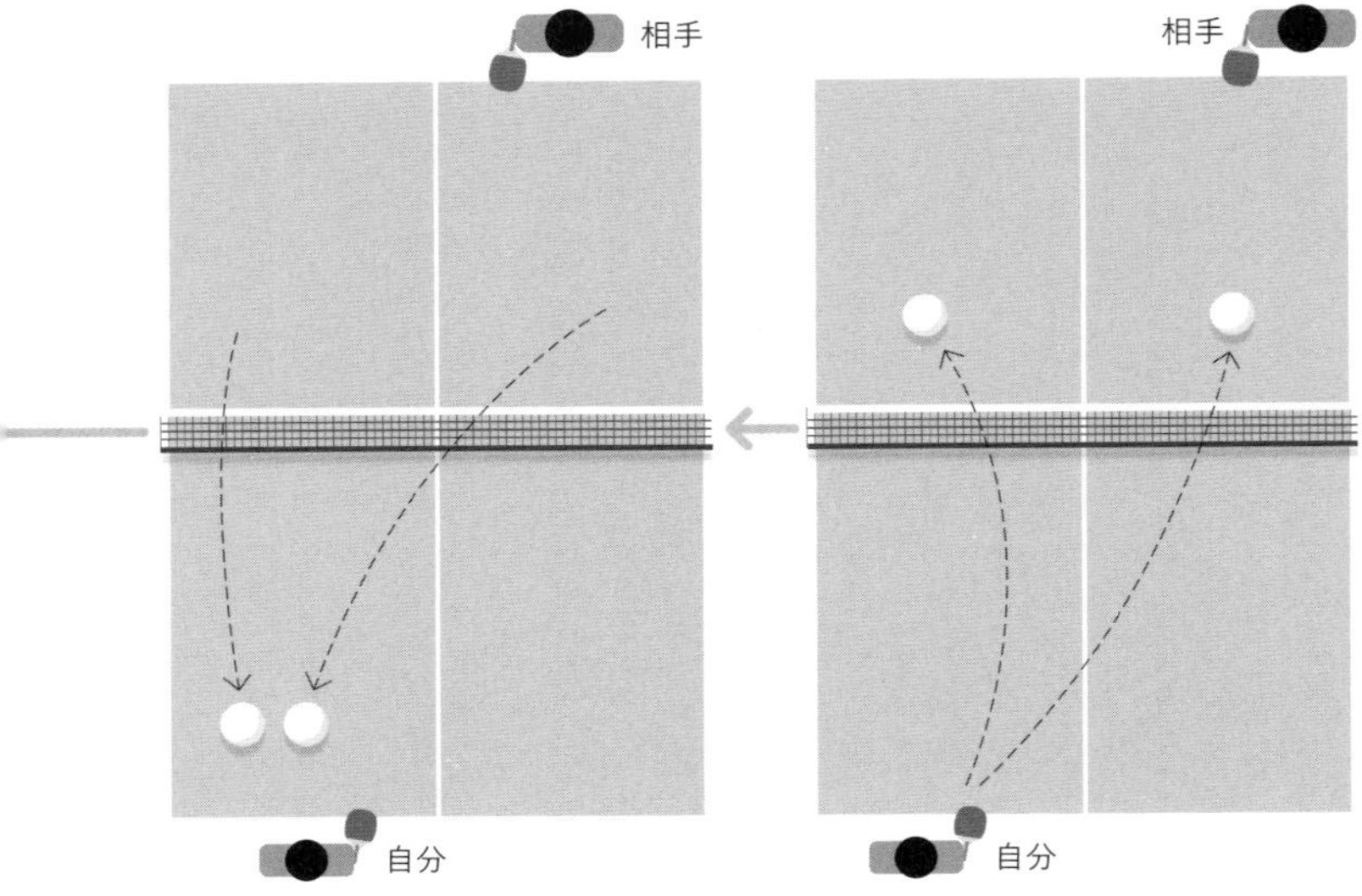

相手がツッツキなどで
バック側にレシーブを返してくる

相手のフォア前またはバック前に
逆横回転のショートサーブを出す

●戦術の狙いとポイント

3球目戦術パターン3の逆方向バージョン。逆横回転サーブは順横回転サーブよりも難易度が上がるので、中級者向けの戦術パターンとした。通常、逆横回転ショートサーブを出すと相手はバック側にレシーブを返す確率が高くなるので、それを想定して狙いやすい方向にフォアハンドで強打する。サーブ後に大きく動く必要がないので、その分、良い体勢で3球目攻撃を仕掛けられるというメリットがある。

for intermediates
中級者向け3球目戦術

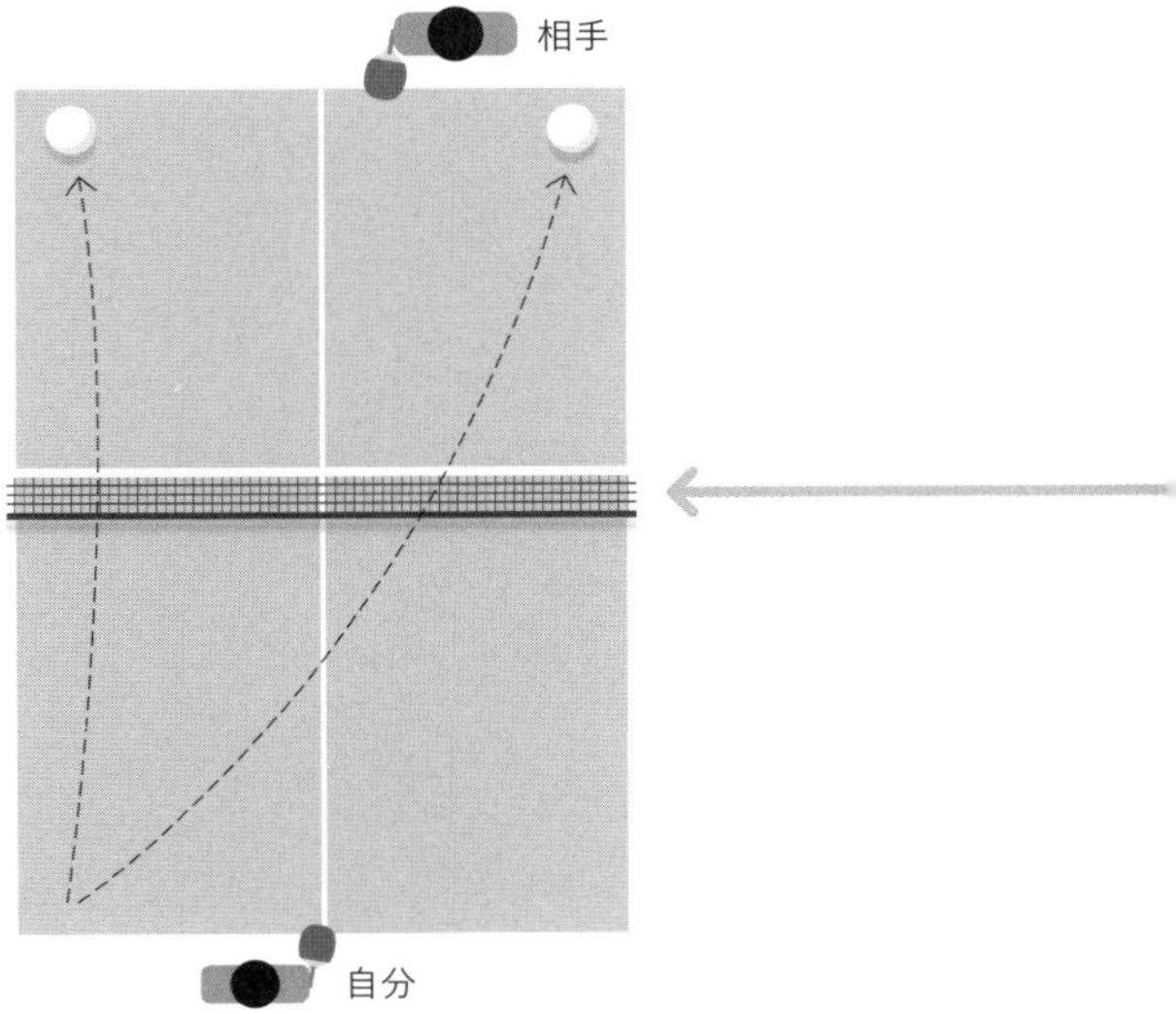

相手が自分のバック側にレシーブを返してくることを想定し、
回り込んでフォアハンドで強打。得点を狙う、もしくは有利な展開につなげる

注意点

逆横回転のショートサーブを、台から出ないように短く正確に出すことが何よりも重要になる。3球目攻撃を仕掛けるまでに良い体勢を作る時間があるので、しっかり体重を乗せて強打することを心がける。

3球目戦術
パターン5

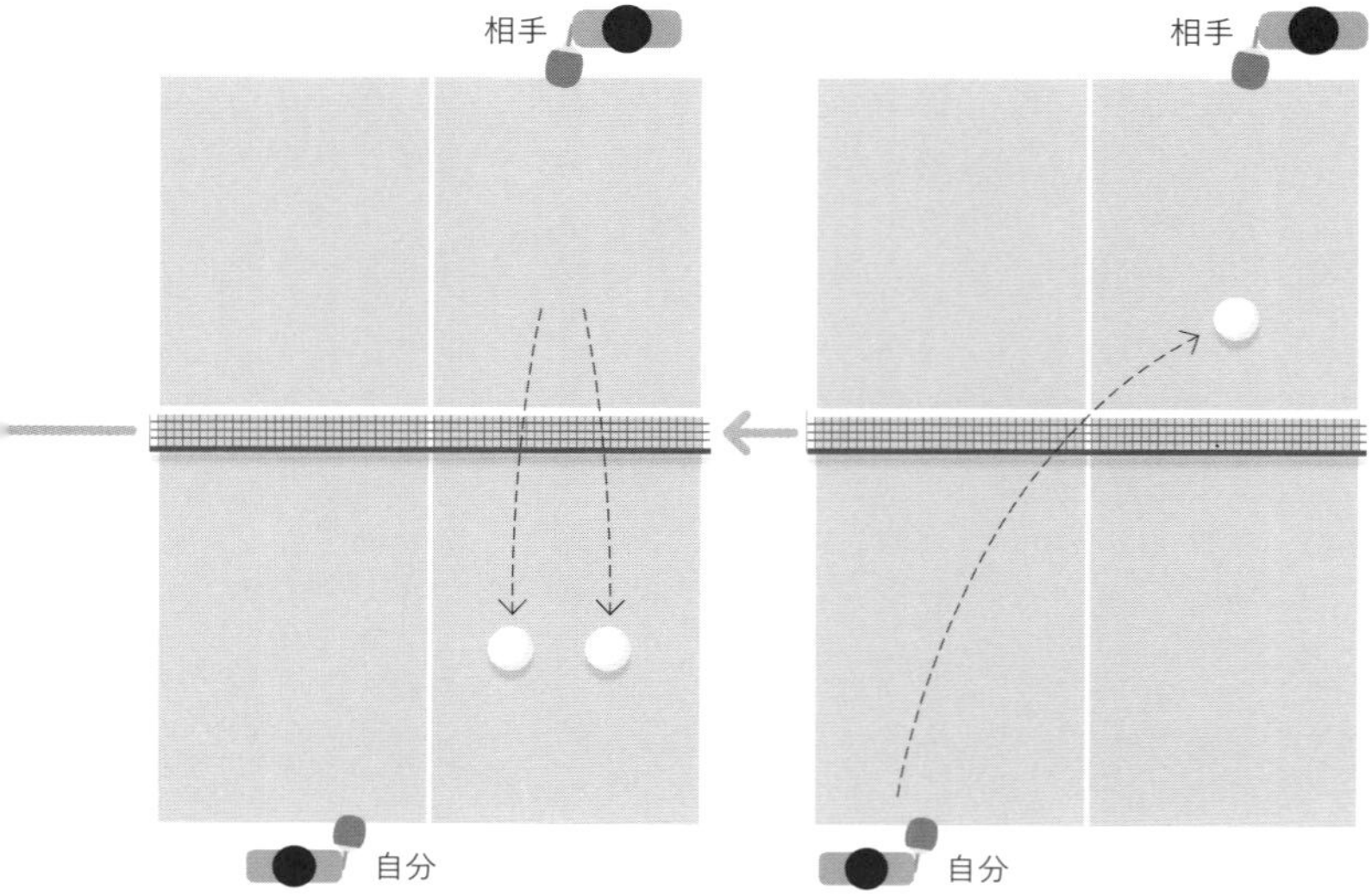

相手がストップなどでフォア側
もしくはフォア寄りのミドルに
ハーフロングのレシーブを返してくる

相手のバック前に
順横回転のショートサーブを出す

●戦術の狙いとポイント

ハーフロングのレシーブを見逃さず、相手のバック側にフォアで強打する中級者向けの3球目戦術。相手のバック側に順横回転のショートサーブを出すと、相手がストップなどを使ってハーフロングのレシーブを返してくることがある。それをしっかり見極めて、相手のバック側にフォアハンドで強打し、良い状態で5球目攻撃を仕掛ける。相手のレシーブ方向は、ミドルよりもフォア側に来る確率のほうが高い。

for intermediates

中級者向け3球目戦術

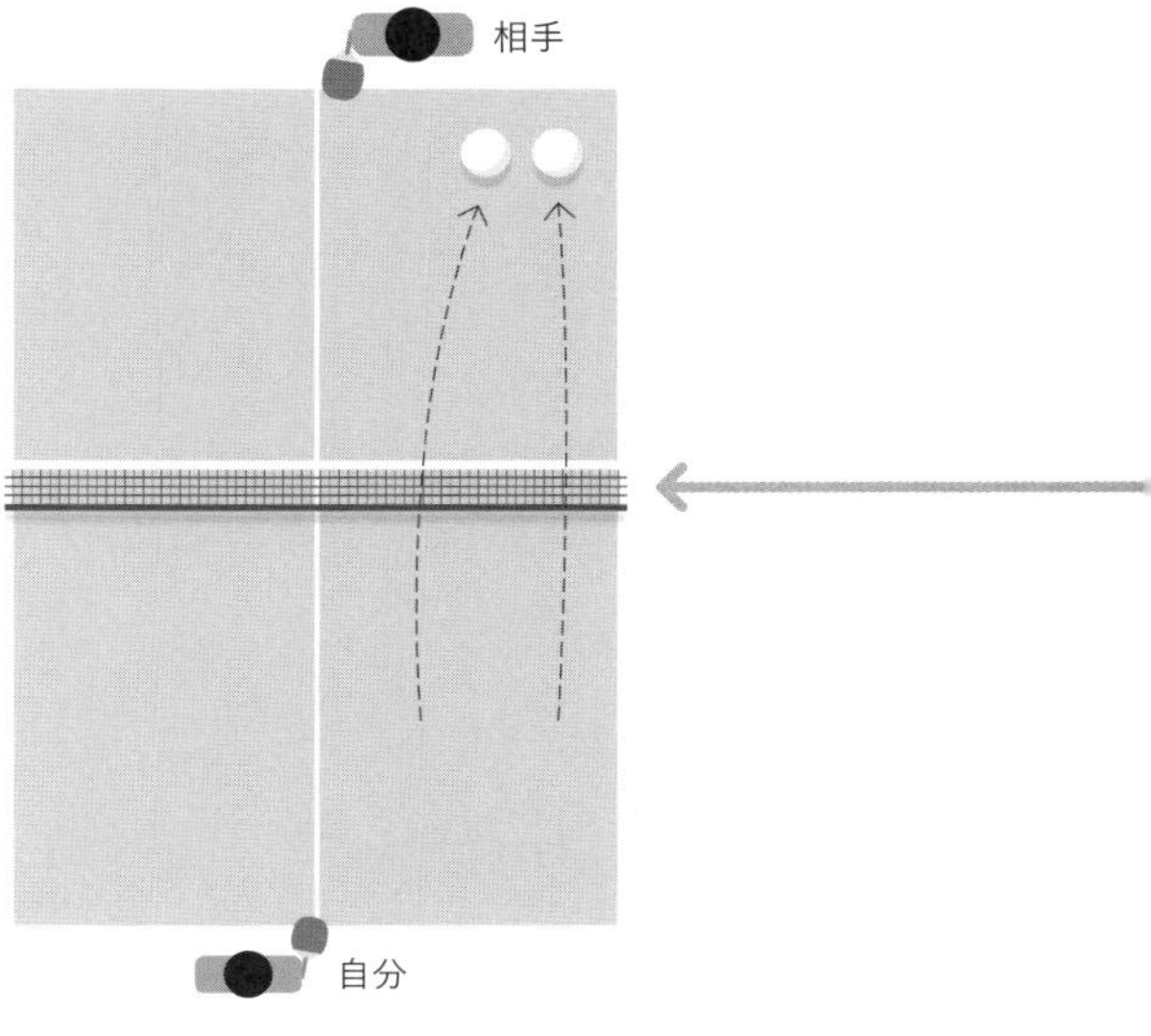

相手のハーフロングのレシーブを見逃さず、
良い体勢で相手のバック側にフォアハンドで強打する

注意点

技術的には簡単そうに見えるが、ハーフロングのレシーブを見極めることは意外とむずかしく、高い判断力が求められる。ハーフロングのボールを強打するには低い体勢をとり、ステップを微調整することもポイントになる。

3球目戦術

パターン 6

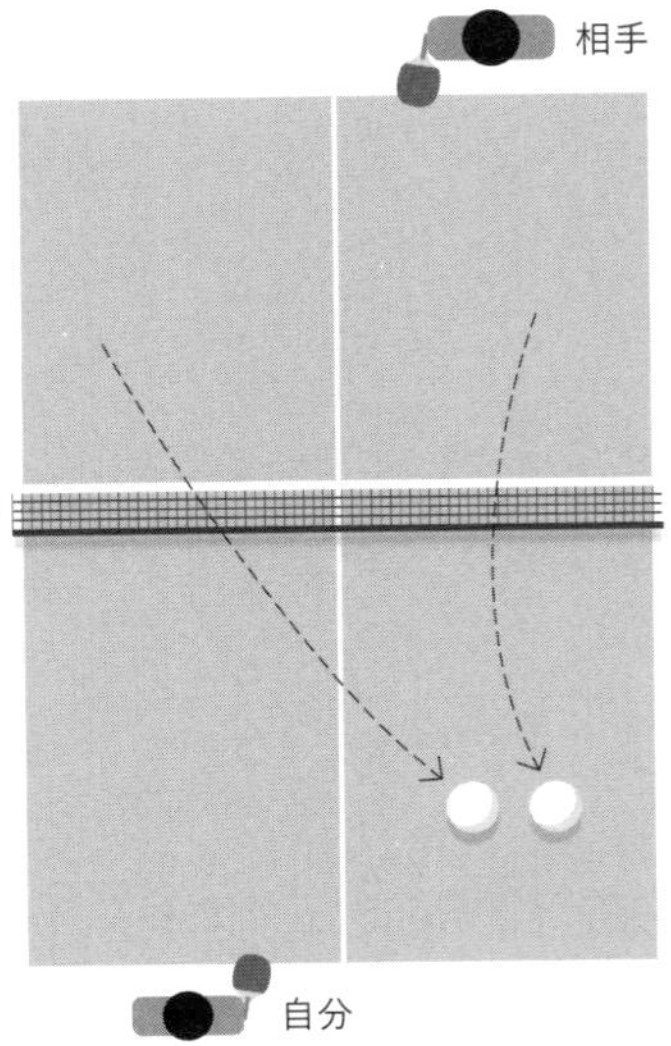

相手がフリックを使って
フォア側にレシーブを返してくる

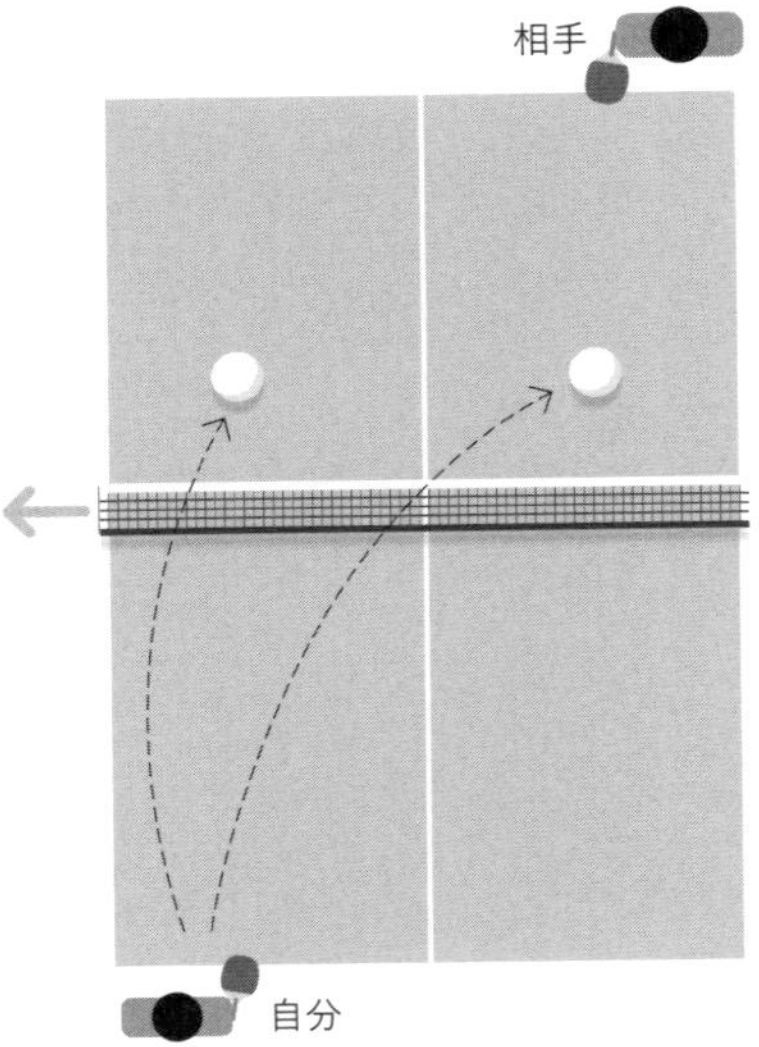

順横回転のショートサーブを出す
（出す方向は自由）

●戦術の狙いとポイント

中級者の相手が、順横回転サーブに対してフリックレシーブを返してきた場合の3球目戦術。初級者の場合は横回転サーブをツッツキで返してくるケースが多いが、中級者になるとより高度なフリックを使ってフォア側にレシーブしてくることがある。それを想定し、素早く反応してフォアハンドで強打する。フリックは上回転なので強打すること自体はそれほどむずかしくないので、良い体勢を作ることを心がける。

for intermediates

中級者向け3球目戦術

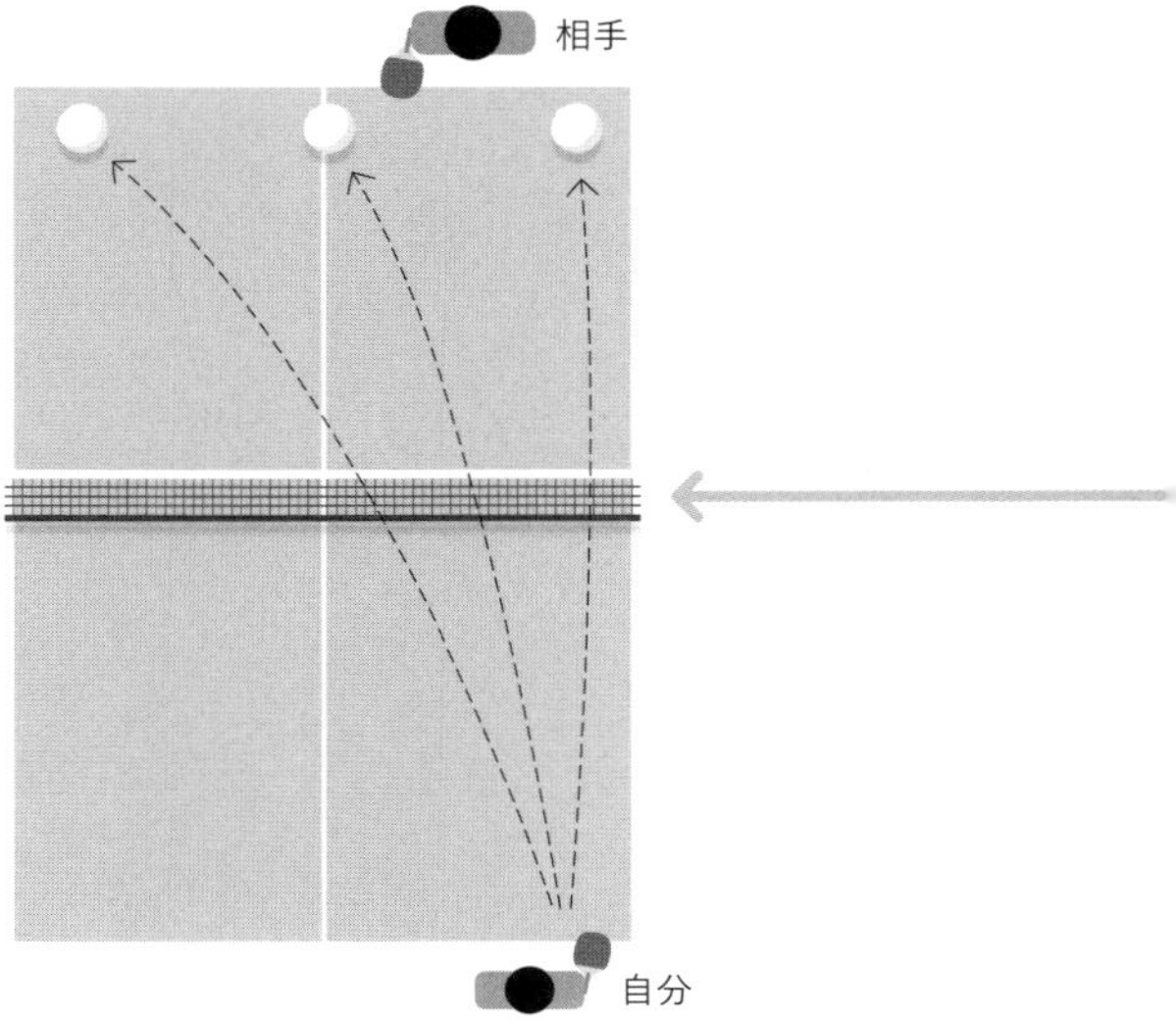

フォア側にレシーブが来ることを想定し、
フォアハンドで打ちやすい方向に強打する

注意点

最大のポイントは、ツッツキよりもスピードのあるフリックレシーブに素早く対応すること。3球目攻撃を仕掛けるまでにあまり時間的な余裕がないので、いかに良い体勢で強打できるかを意識する。

3球目戦術

パターン7

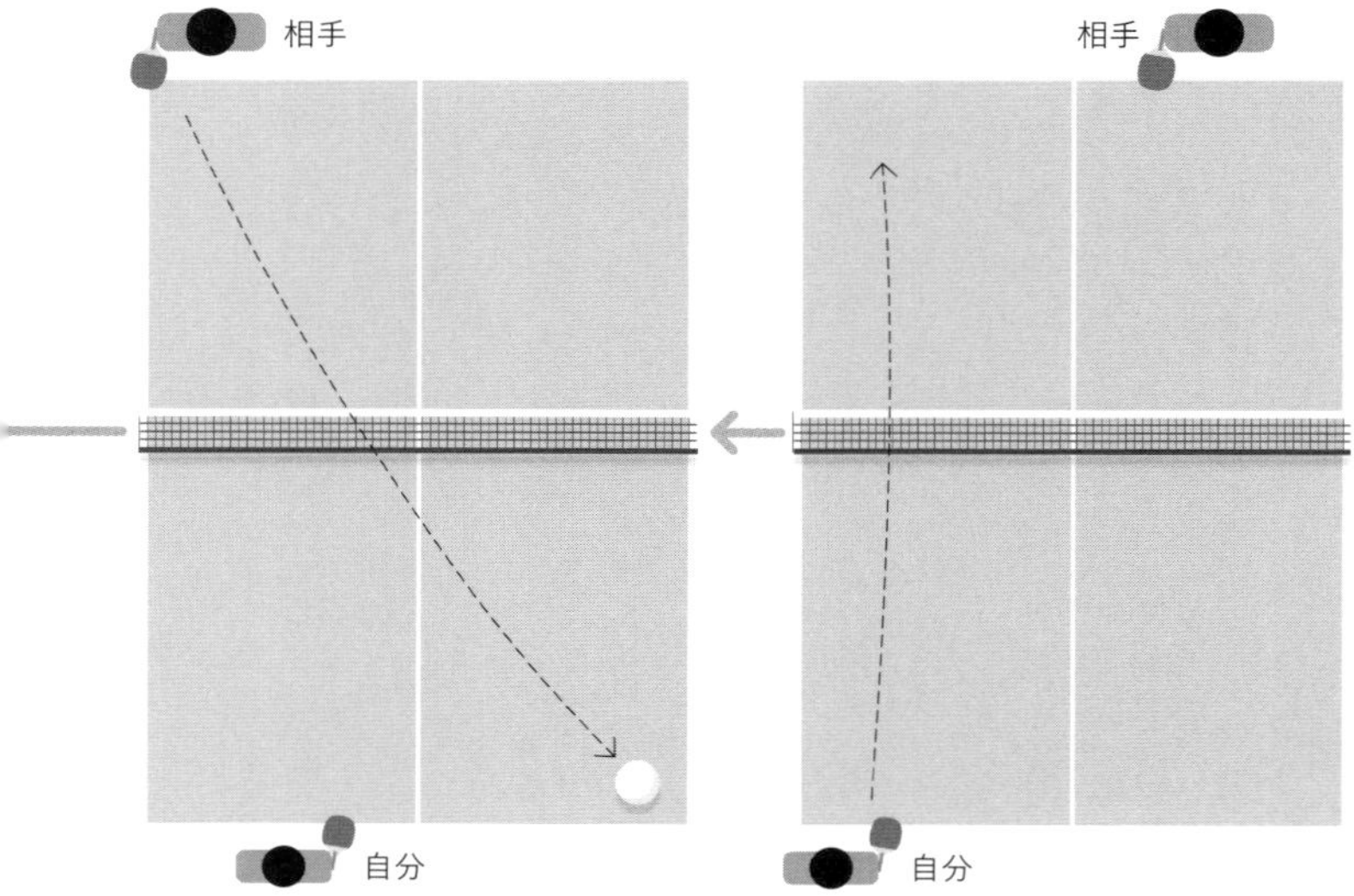

相手がクロス方向に
長いレシーブを返してくる

ストレート方向にロングサーブを出す

●戦術の狙いとポイント

簡単そうに見えるが、サーブ、3球目攻撃ともにストレートに精度の高いボールを打つ必要があるため、高い技術が求められる中級者向けの3球目戦術とした。精度の高いロングサーブをストレートに出すことによって、相手はクロス方向にレシーブを返してくる確率が高くなる。それを狙って、素早くステップを踏んで良い体勢でストレートに3球目攻撃を仕掛ける。3球目の精度も重要なカギとなる。

for intermediates
中級者向け3球目戦術

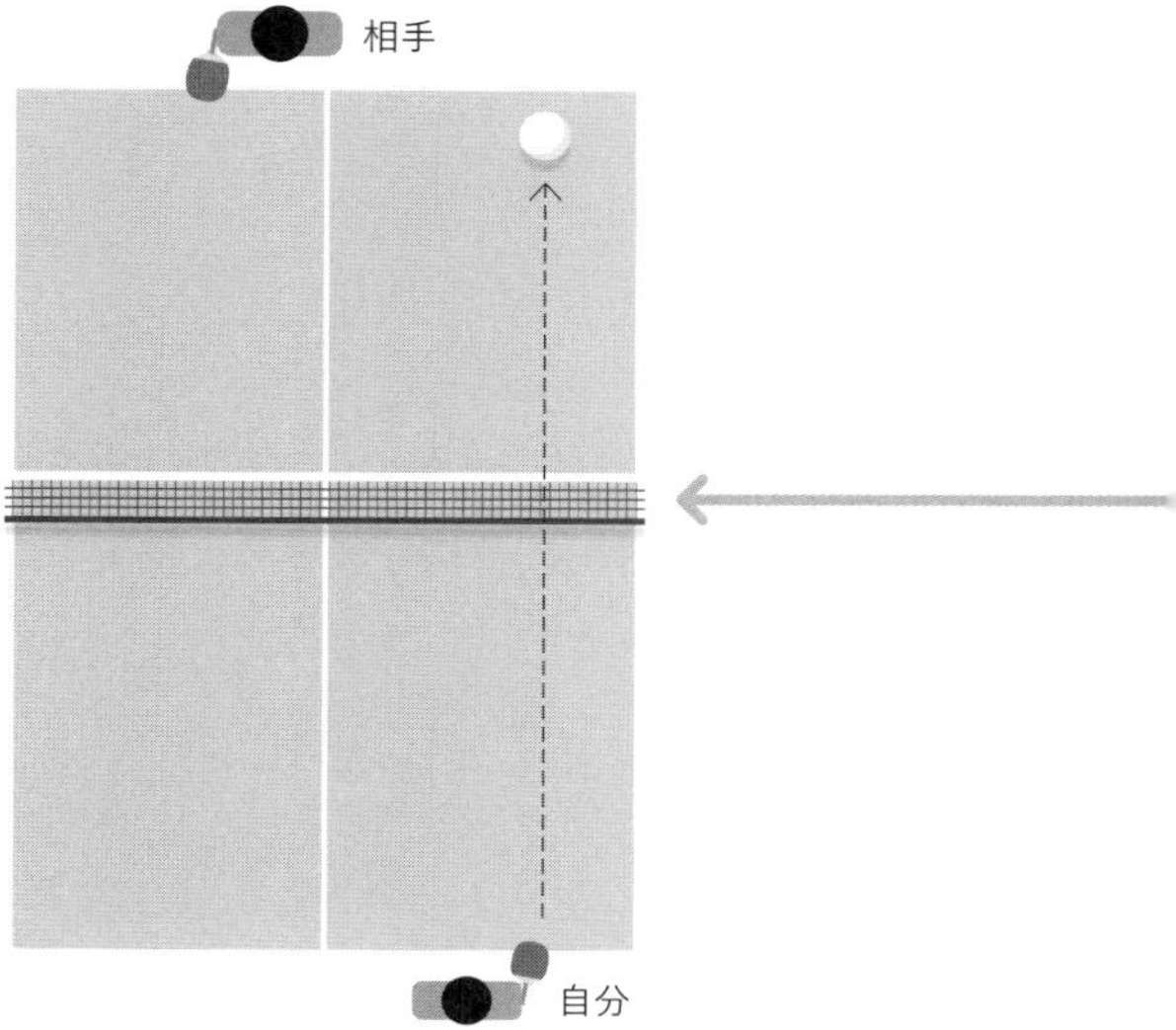

クロスのレシーブが来ることを想定し、
フォアハンドでストレートに強打する

注意点

この戦術は、ボールをストレート方向へ打つハイレベルな技術が要求される。甘くなれば相手にチャンスを与えてしまうので、練習で自信をつけてから実戦でトライしてほしい。3球目を良い体勢で打つことも重要。

3球目戦術
パターン8

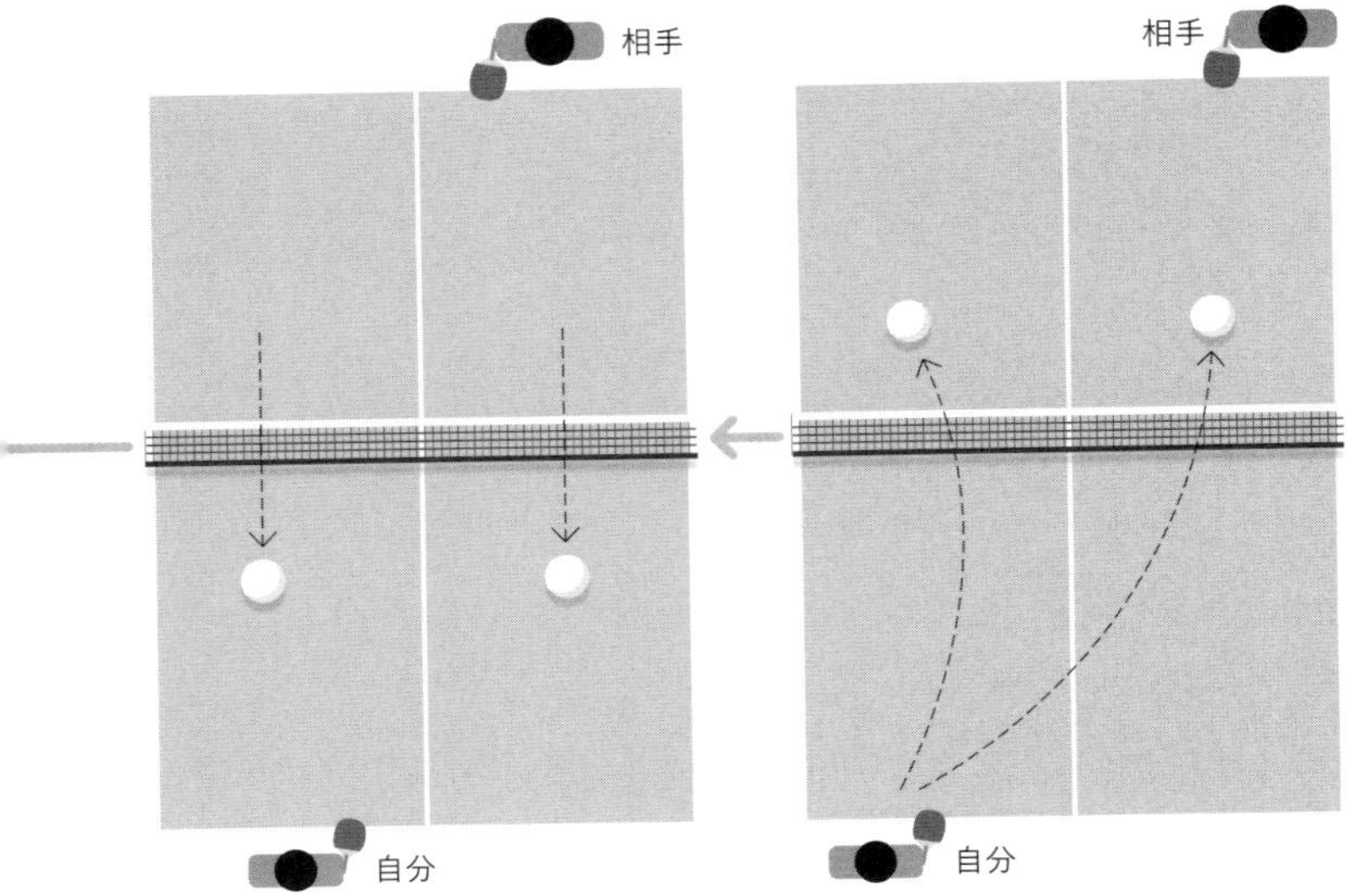

相手がストップを使って
レシーブを返してくる

フォア前またはバック前に
回転系のショートサーブを出す

●戦術の狙いとポイント

フリック強打を使った上級者向けの3球目戦術。ショートサーブを出した時、相手がストップで返してくることがある。失敗のリスクを気にする初級者や中級者の場合は3球目をツッツキで返すことが多いが、敢えてフリック強打で3球目攻撃を仕掛けることができれば得点の確率が上がる。3球目のフリックの精度を上げることが重要。距離が短いので、フリックはクロス方向に返す方が台に収まりやすい。

for advanced players

上級者向け3球目戦術

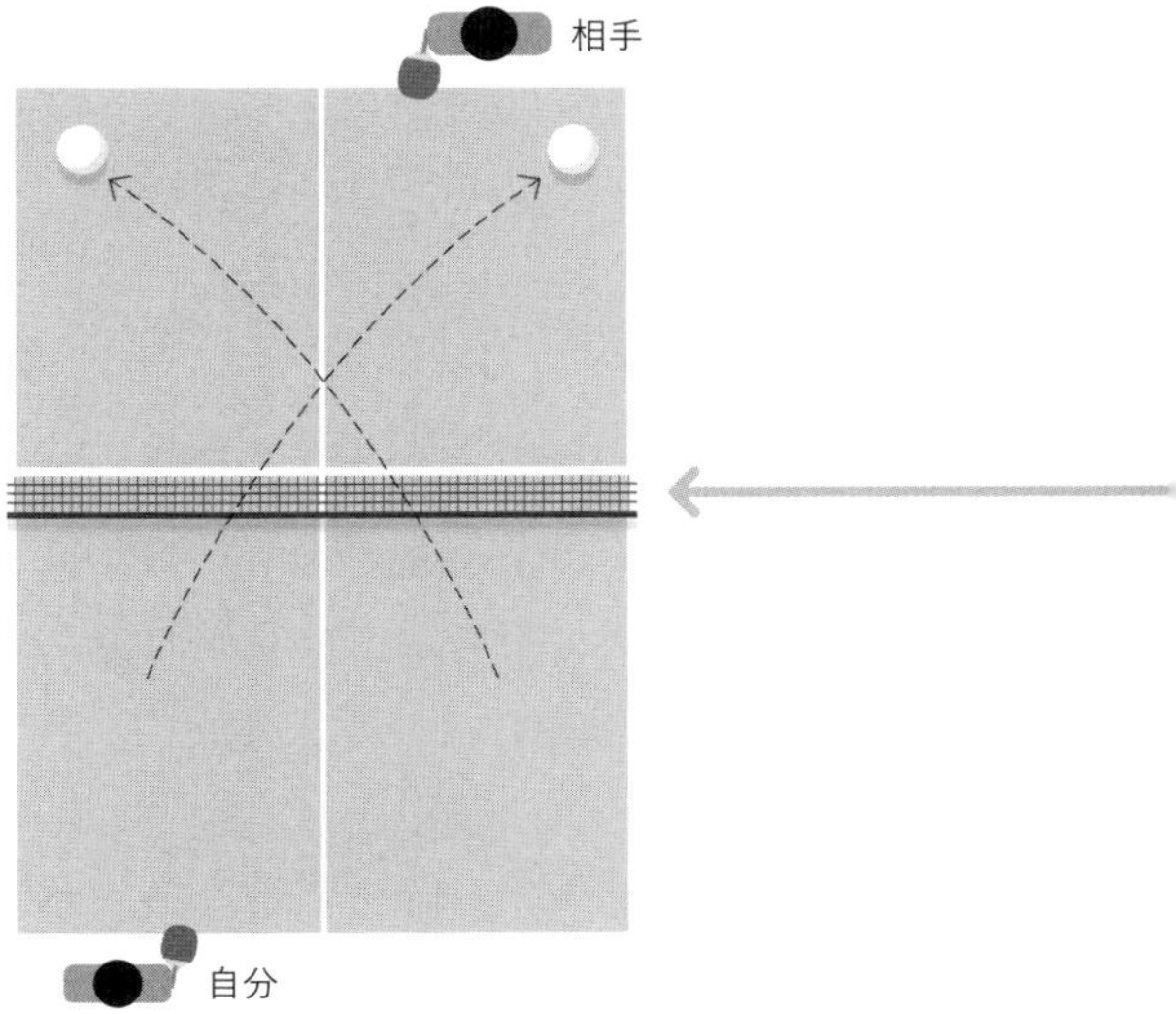

相手のストップに対し、フリック強打で3球目攻撃
（方向は自由だがクロス方向が比較的簡単）

注意点

台上で強打するのでハイレベルな技術が要求される。特に3球目のフリックを台にしっかり収めることを強く意識する。難易度は高いが、この戦術パターンをマスターすると確実に得点の確率を上げることができる。

3球目戦術
パターン 9

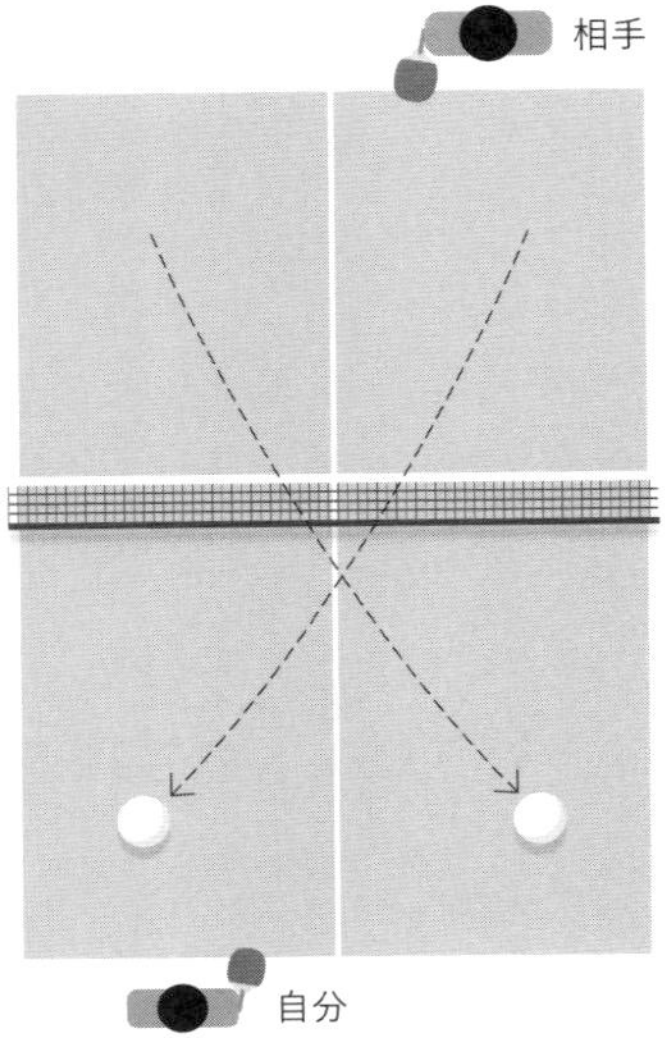

相手がループドライブで
レシーブを返してくる

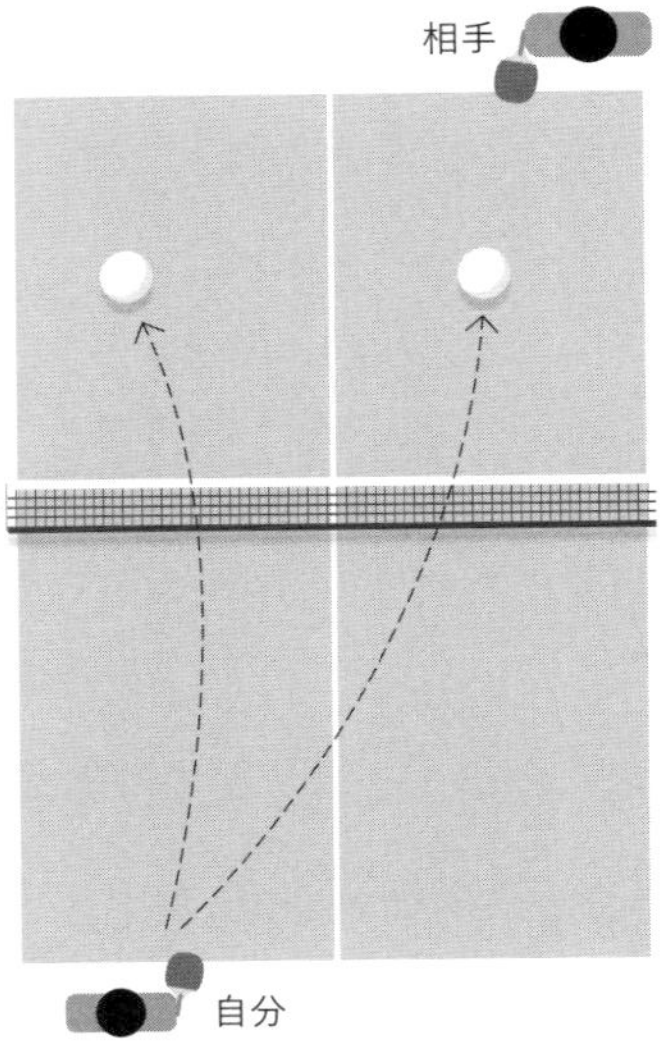

意識的にハーフロングのサーブを出す
（方向は自由）

●戦術の狙いとポイント

わざとハーフロングのサーブを出すことで相手に攻撃を仕掛けさせ、それを狙って3球目でカウンター攻撃を狙う戦術パターン。最大のポイントは、意識的にハーフロングのサーブを正確に出すこと。それによって相手はチャンスだと思ってループドライブなどで攻めてくる。それを想定し、3球目はフォアハンドで強打してカウンター攻撃を仕掛ける。まずはハーフロングのサーブをマスターすることが重要。

for advanced players

上級者向け3球目戦術

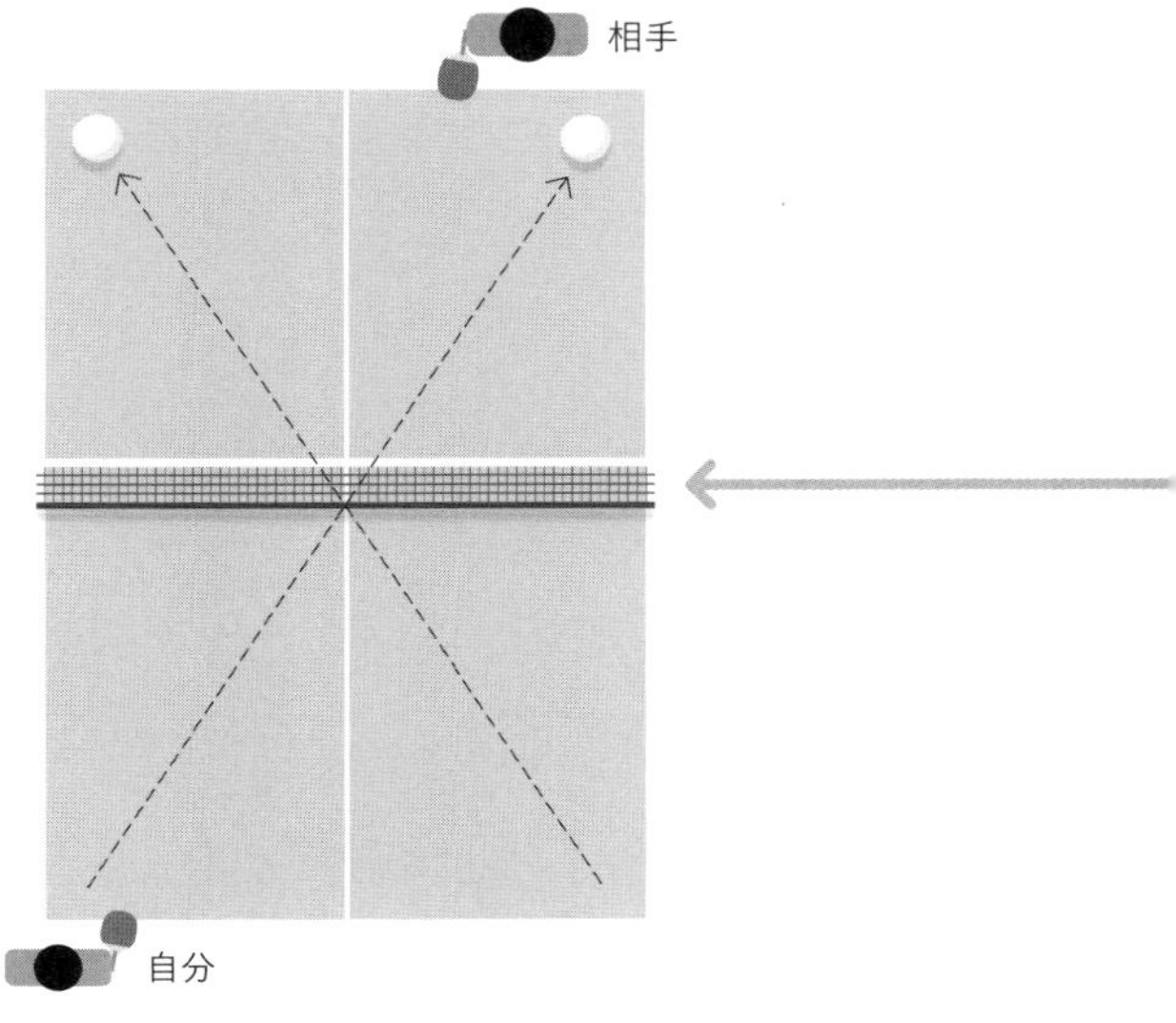

相手のループドライブを想定し、
フォアハンドで強打する

注意点

相手が上級者であれば、ハーフロングのサーブを見逃さずに攻めてくる可能性が高い。この戦術は相手に罠を仕掛け、カウンター攻撃を仕掛けるという駆け引きがカギとなる。相手のレベルを見極めたうえでトライしてほしい。

3球目戦術

パターン 10

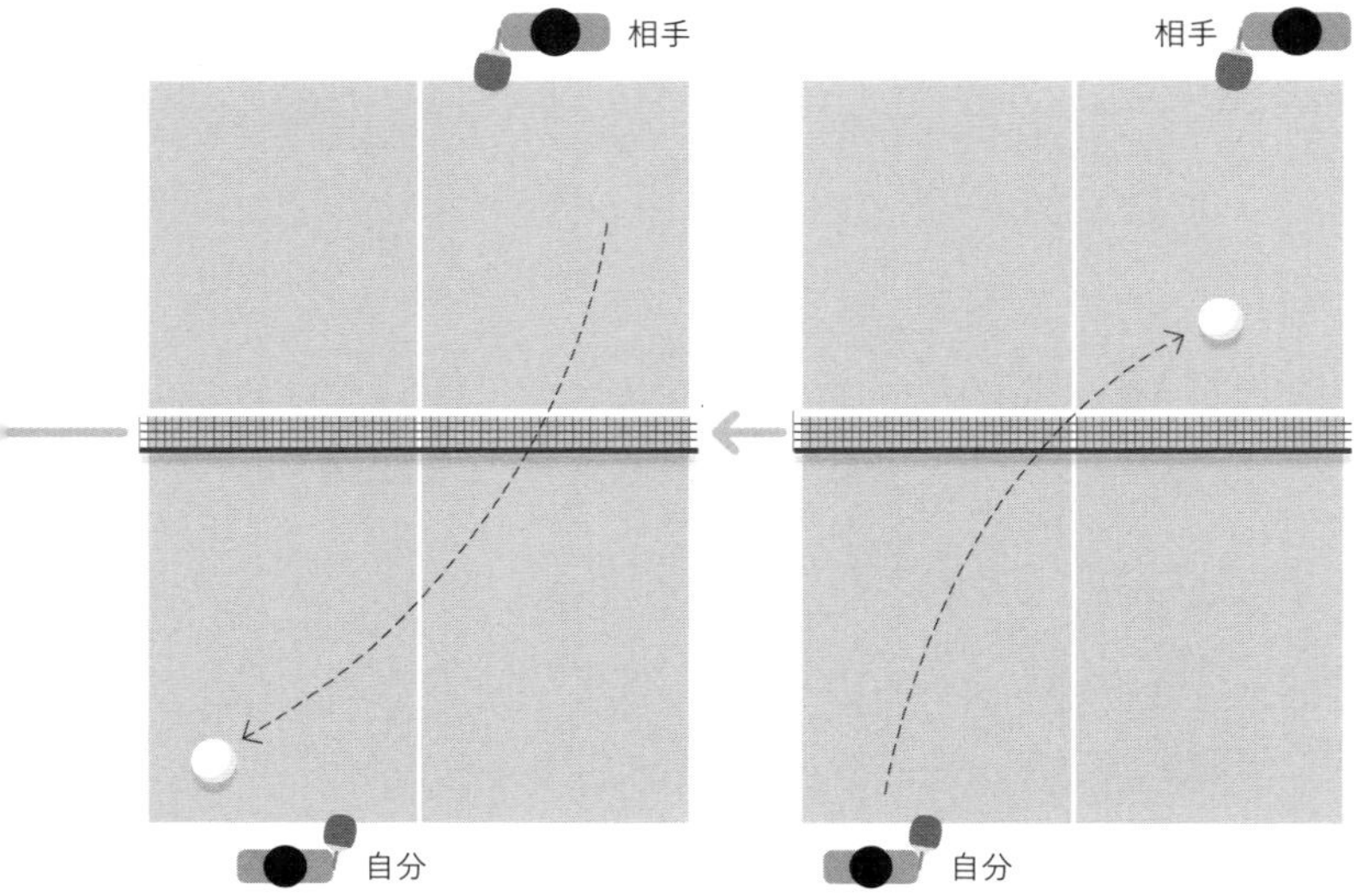

相手がチキータレシーブを返してくる
（方向はケースバイケース）

順横回転でバック前に
ショートサーブを出す

●戦術の狙いとポイント

チキータレシーブを多用する上級者同士の試合でよく使われる3球目戦術。相手がチキータレシーブを返すことを想定し、順横回転のショートサーブを出す。相手がどの方向にチキータで返してくるかをある程度予測し、それを強打することで3球目攻撃を仕掛ける。その際､フォアで打つかバックで打つかは得意なほうを選択する。良い体勢で3球目を打つためには、レシーブ方向を予測することがポイントになる。

for advanced players
上級者向け3球目戦術

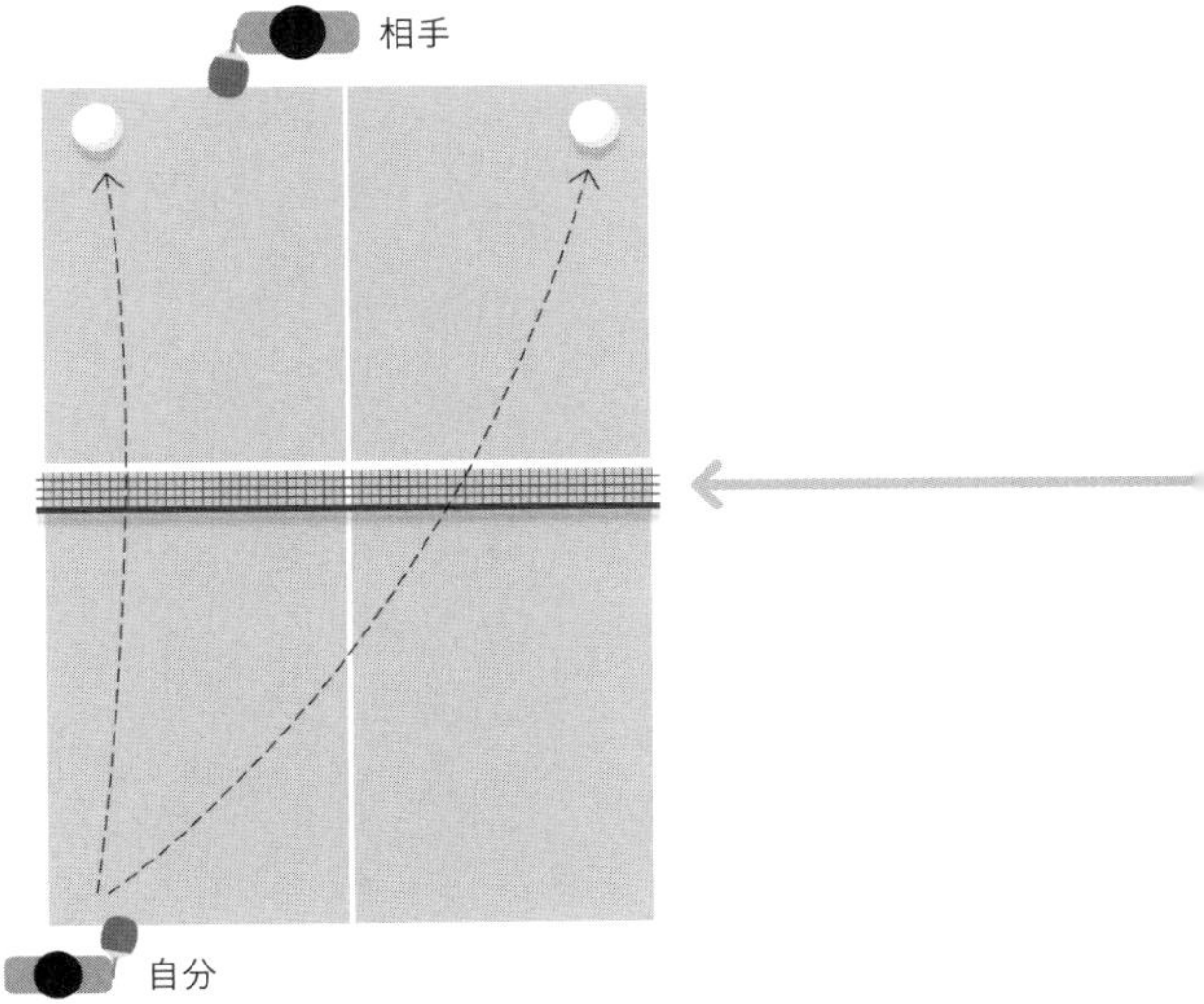

相手がチキータレシーブを返してくることを想定し、
回り込んでフォアハンド、またはバックハンドで強打する

注意点

チキータレシーブは回転量も多いうえにスピードもあるので、サーブ後に素早く戻って相手の打球の瞬間をよく見ることが重要。それによって、どの方向にレシーブが返ってくるかを予測し、3球目攻撃を仕掛ける。

KYOCERA
SUIKOU

第5章

4球目戦術

良いレシーブができれば、相手の3球目が甘くなる確率が上がり、
レシーブ側にとっては4球目で攻撃に転じるチャンスが到来する。
4球目戦術は、形勢を逆転させるための重要なポイントであり、
そのためには「考えてプレーする」習慣を身につける必要がある。

4球目戦術をおろそかにしないことが試合で勝つための近道

最近の卓球では、攻めたほうが圧倒的に試合に勝つ確率が高くなっていることは、これまで何度も強調してきました。主導権を握って主体的かつ自由に攻撃できるサーブ、あるいは3球目の戦術が攻撃をベースに組み立てる理由はそこにあります。

しかし、サーブ側の時しか得点できないようだと、接戦には持ち込めても、最終的に試合に勝つことはむずかしくなります。試合に勝つためには、**レシーブ側の時に形勢を逆転させ、いかにして点を取れるかが最大のカギであり、そこが勝敗の分かれ目**になるのです。つまり、レシーブや4球目を得意とする選手になることが、試合で勝つための条件とも言えます。

4球目戦術の重要性も、そこに潜んでいます。

たとえば、レシーブが甘ければ相手の３球目攻撃を受けることになり、結果的に４球目以降も守備にまわらざるを得なくなってしまいます。場合によっては、４球目の前に３球目攻撃を受けて相手に得点を与えてしまう可能性もあります。

しかし、良いレシーブによって相手の３球目攻撃を甘くすることができれば、４球目で攻撃に転じる可能性が広がり、形成を逆転できます。するとレシーブ側に得点を狙うチャンスが生まれ、もし４球目で点が取れなくても、それ以降のラリー展開で攻撃に転じて優位に立つことができるのです。

このように、実は４球目戦術は試合に勝つためにはとても重要な要素であり、決しておろそかにはできません。また、そのことがわかれば、自ずとレシーブの重要性も理解できるはずです。

良いレシーブがあってこそ
4球目戦術は効果を発揮する

4球目戦術の理想は、良いレシーブをすることによって相手の3球目を甘くさせ、そのチャンスを逃さずに4球目でカウンター攻撃を仕掛けるという展開です。戦術も、それをベースに組み立てます。

とはいえ、相手のレベルが上がれば上がるほど、自分の狙いどおりの展開にはならないもので、4球目は守備側にまわってしまうのが宿命です。それは、大前提として理解しておく必要があるでしょう。

そこで大事になるのが、第3章で紹介した**ツッツキ、ストップ、フリック、チキータ、ドライブといった守備テクニックを磨いて、守備力を上げておく**ことです。

相手の3球目攻撃、あるいは5球目攻撃を1、2本のブロックで防ぐことができれば、形勢的には不利な状況であったとしても、最低でもラリーに持ち込むことはできます。ラリーに持ち込むことができれば、そこからは持久戦の要素が出てくるため、その後に相手がミスをする確率も上がります。

そもそもレシーブ側は不利な状況でスタートするので、もしラリーで相手に得点を与えることになっても、まったく悲観する必要はありません。仮に1本もブロックを決められなかったとすれば得点のチャンスさえ生まれないわけで、4球目としてはラリーに持ち込めるだけでも及第点と言えます。そのためにも、まずは守備力を上げておくことが重要になります。

多くの人は、とかくサーブや3球目のレベルを上げることに集中しがちです。しかし、レシーブや4球目のレベルを上げることもそれと同じくらい重要であり、それがあってこその4球目戦術であることを忘れないでください。

レシーブのコースを工夫するだけでも有効な4球目戦術につながる

そしてもうひとつ、4球目戦術を組み立てるうえで大切なポイントは、**試合中にサーバーの狙いを読み取る**ことです。

たとえば、相手がバックハンド側にレシーブを誘導するような種類のサーブを頻繁に使うのであれば、相手がバックハンドで3球目攻撃を仕掛けたいという狙いを読み取ることができるはずです。その場合、バック側にレシーブを返せば相手の思惑どおりの展開になってしまうので、なるべくフォア側にレシーブを返す必要があります。もしフォア側に返すことがむずかしい場合でも、少しだけコースをずらしてレシーブするだけでも、相手の3球目攻撃の質を低下させることができます。

要するに、相手のサーブをただ返すのではなく、**相手が何を得意とし、何をしよう**

としているのかをよく考えて、それを見極めることが重要なのです。それが4球目戦術の第一歩であり、それさえわかれば自ずと選択すべき戦術も決まります。

もちろん、4球目で反撃に転じることは簡単ではありません。そのレベルに到達するためには、それ相応のテクニックと守備力を身につけておく必要があります。しかし初級者や中級者でも、狙ったコースにレシーブを返すことはそれほどむずかしいことではないと思います。そのうえで相手の狙いを読み取る習慣を身につけていれば、レシーブを返すコースを工夫するだけで、有効な4球目戦術を組み立てることができるはずです。

「考えてプレーする」習慣を身につけることが何よりも重要

サーブや3球目は自分が主体となって戦術を組み立てることができるという特徴がありますが、それとは対照的に、4球目戦術は相手の影響を受けやすい受動的な戦術なので、そこには状況に応じた「対応力」が要求されます。

これはレシーブ戦術にも言えることですが、だからこそサーブ戦術や3球目戦術よりも難易度が高く、そのことに気づくか気づかないかによって大きな個人差が生まれてしまうのです。

特に、サーブや3球目はテクニックさえあれば勢いで得点を重ねることができるかもしれませんが、対応力を求められる4球目戦術はテクニックだけでは成り立ちません。そこには必ず「考えてプレーする」という要素が大きく関わってきます。

本書では、ただ来たボールを打ち返すのではなく、**「考えてプレーする」習慣を身に**

つけることの重要性を強調してきましたが、４球目戦術はその象徴と言えるでしょう。
そのことを理解したうえで、これから紹介する４球目戦術のパターンを実戦で活用してほしいと思います。そして、それらを応用してさまざまな戦況に応じて使える４球目戦術を、自分なりに考えてみてください。

4球目戦術 パターン 1

※すべての戦術パターンは「右利き対右利き」の対戦を想定

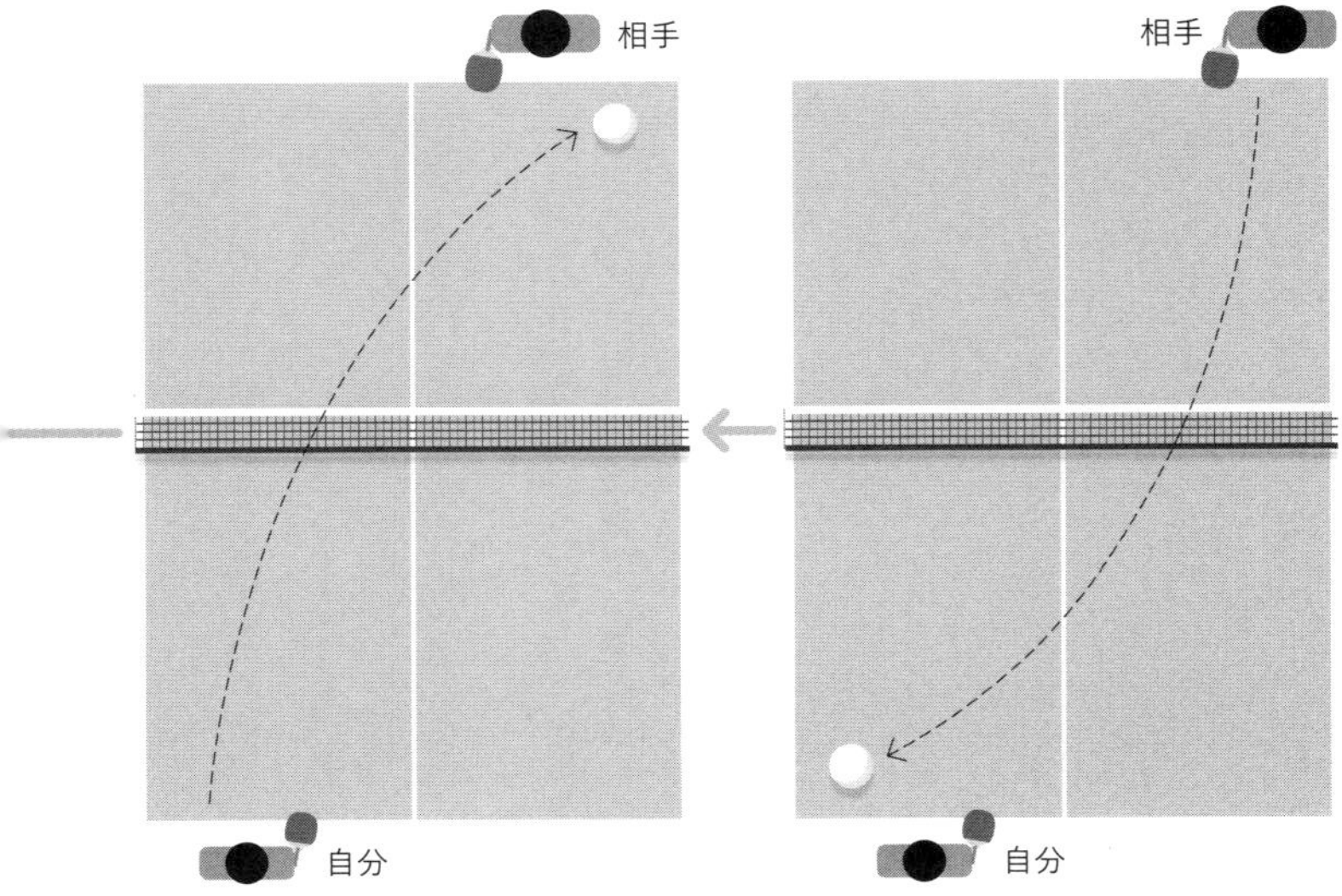

相手のロングサーブを
バックハンドでレシーブする

相手が自分のバック側に
ロングサーブを出してくる

●戦術の狙いとポイント

これは、3球目戦術のパターン1で紹介した戦術を応用し、レシーブ側が4球目で攻撃を仕掛ける戦術。良いレシーブを返すことで相手は3球目攻撃を仕掛けられないので、自分が4球目攻撃を仕掛けることができる。初級者はクロス方向に打つケースが多いので、良いレシーブを返した後は相手がクロスに返すことを想定し、回り込んでからフォアで打ちやすい方向へ強打して得点を狙う。または有利なラリーに持ち込む。

for beginners

初級者向け4球目戦術

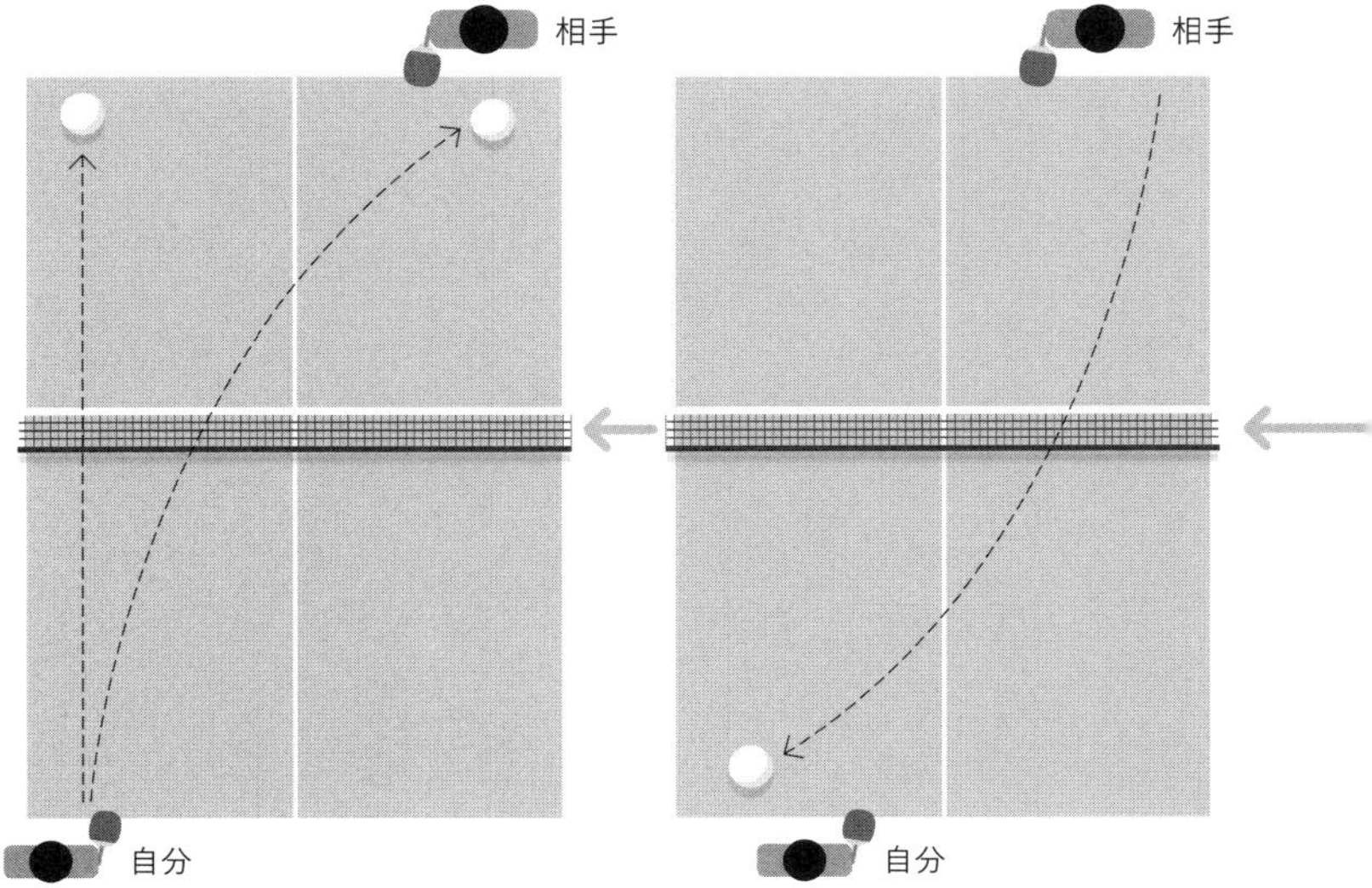

バック側へ返してくることを予測して
回り込み、フォアハンドで強打して
打ちやすい方向へ4球目攻撃を仕掛ける

ロングのレシーブに対して、
相手が再びバックハンドで返してくる

注意点

相手のロングサーブに対してバックで返す時、レシーブが甘くなってしまうと相手の3球目攻撃を受けてしまうので要注意。精度の高いロングレシーブを返すことが、この戦術の最大のキーポイントになる。

4球目戦術
パターン❷

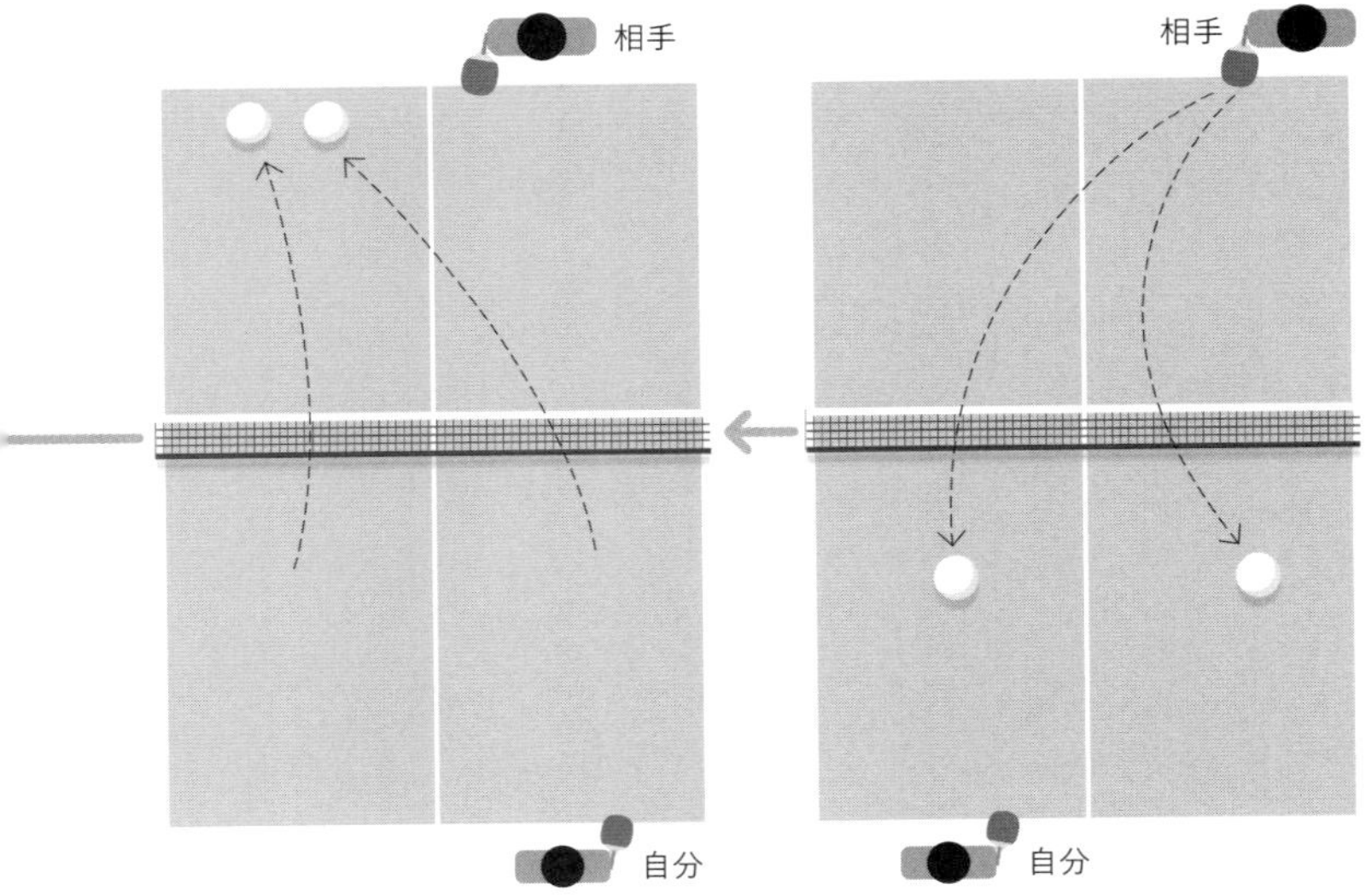

相手のショートサーブをツッツキで
相手のフォア側にレシーブする
（どの方向でも共通）

相手が下回転の
ショートサーブを出してくる
（どの方向でも共通）

●戦術の狙いとポイント

相手のショートサーブをツッツキでレシーブする流れからの初級者向け4球目戦術。リスクを避けてツッツキでレシーブしながら、フォア側に返すことで相手をしっかり動かすことが最大のポイント。それにより、相手の3球目はクロス方向に来る確率が高まるので、それを狙って4球目をフォアハンドで打ちやすい方向に強打する。得点が取れなくても、その後のラリーで優位に立つことができる。

for beginners

初級者向け4球目戦術

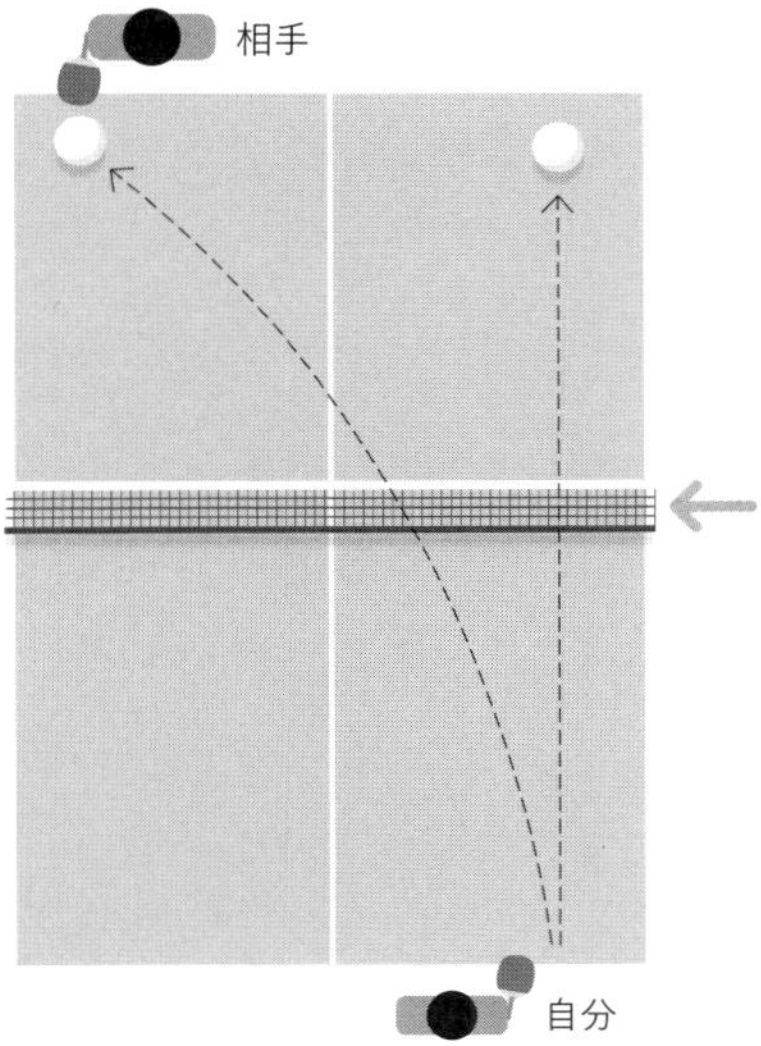

フォア側にボールが来ることを想定し、
素早くステップを踏んで
4球目を強打する（方向は自由）

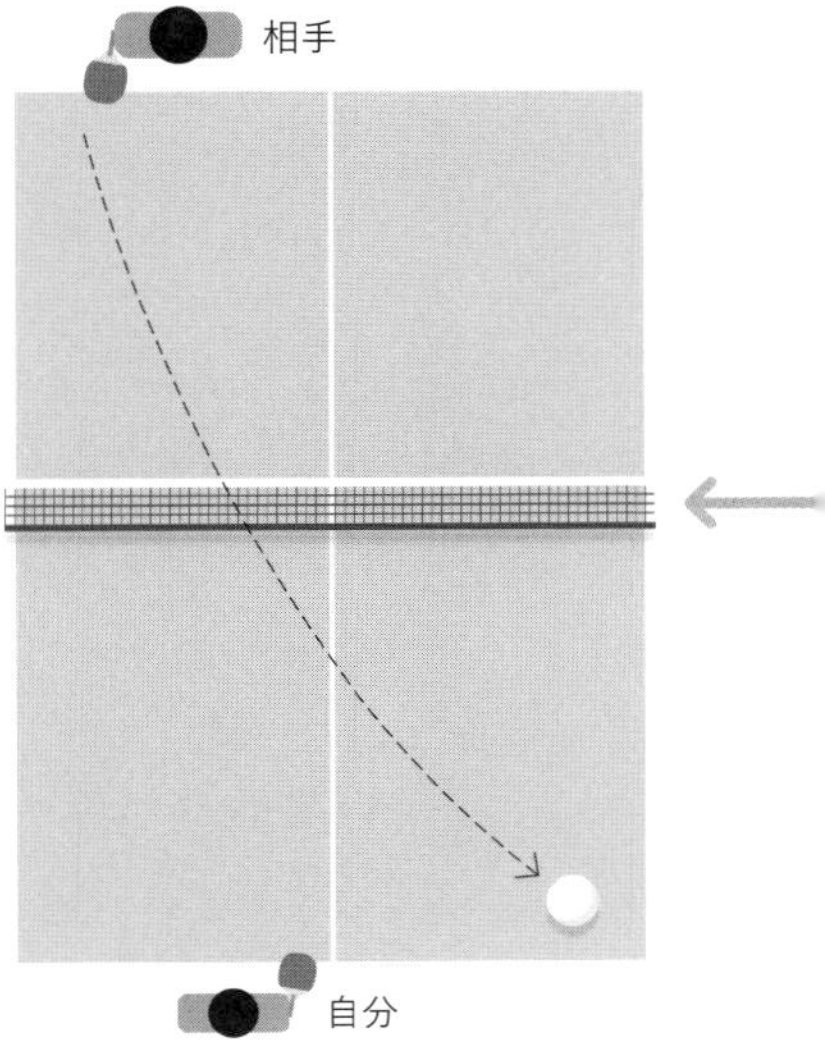

ツッツキに対し、
相手が3球目をクロス方向に
ドライブで返してくる

注意点

フォア側に良いレシーブを返して相手をしっかり動かすことが重要。それができれば、相手の3球目はそれほど強いボールが来ないので、4球目攻撃を仕掛けやすくなる。とにかくレシーブが甘くならないように注意する。

4球目戦術
パターン 3

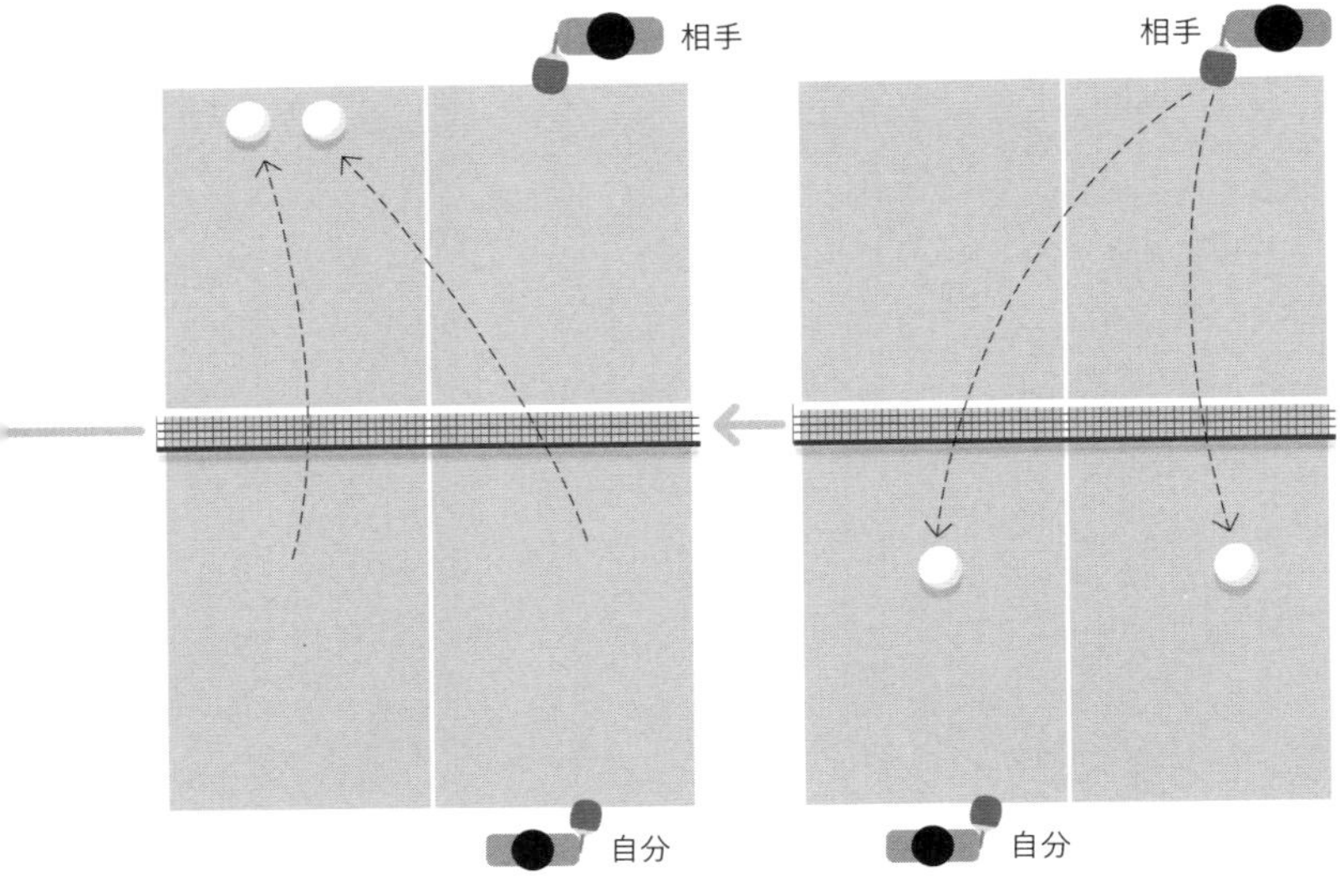

相手のナックルサーブを
フリックで相手のフォア側にレシーブする
（どの方向でも共通）

相手がナックルサーブを出してくる
（どの方向でも共通）

●戦術の狙いとポイント

戦術パターン2をフリックにした場合の4球目戦術。相手がナックルサーブを出してきたら、ツッツキよりも攻撃的なフリックで相手をフォア側に誘導するようにレシーブする。ツッツキより相手がクロス方向に返してくる確率がより高まるので、それを想定して素早くステップを踏み、良い体勢をとってフォアハンドで打ちやすい方向に強打する。4球目で攻めることにより、その後のラリーで優位に立てる。

for beginners
初級者向け4球目戦術

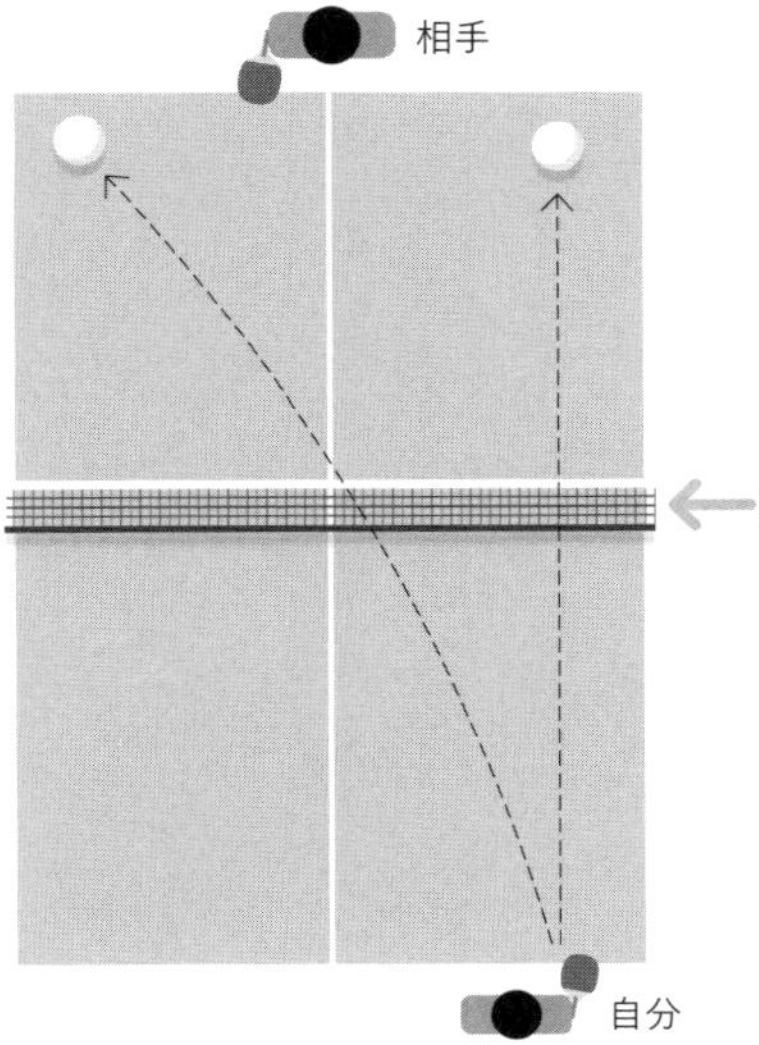

フォア側にボールが来ることを想定し、
素早くステップを踏んで4球目を強打する
（方向は自由）

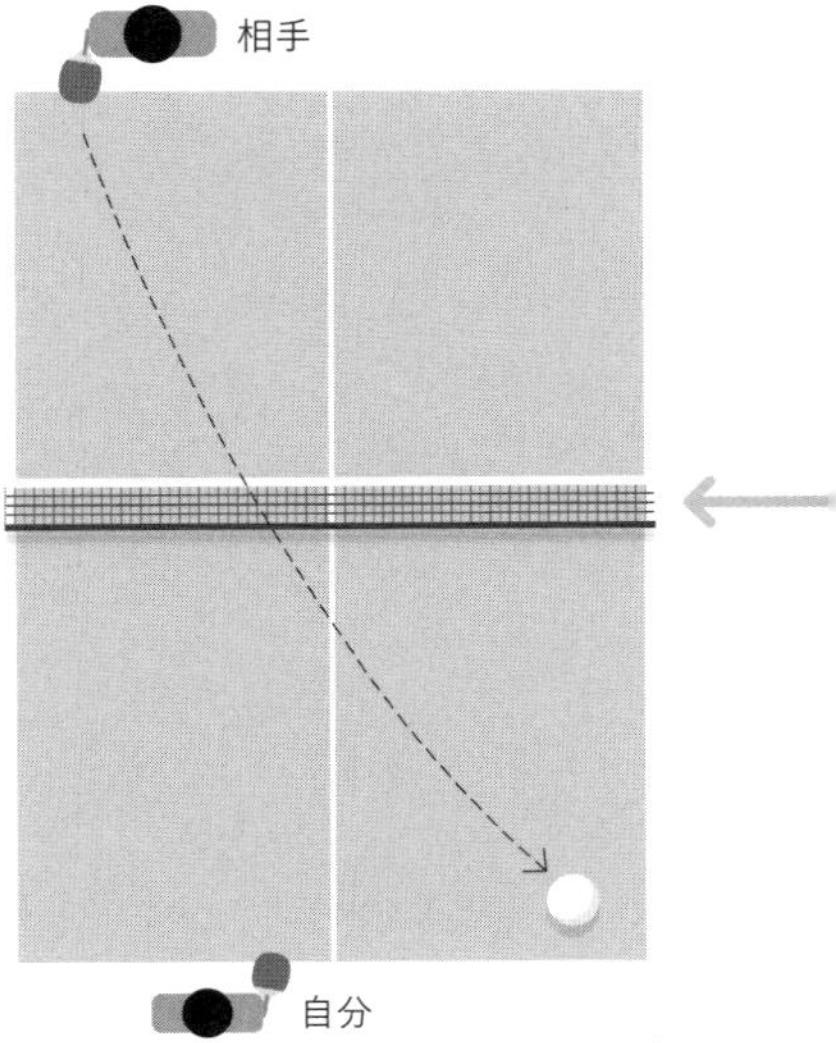

フリックに対し、相手が3球目を
クロス方向にドライブで返してくる

注意点

フリックはツッツキよりもむずかしい技術なので、安定したフリックをマスターしておくことが最大のカギになる。良いレシーブができれば、フリックは上回転なので相手の3球目がクロス方向に来る確率も上がる。

4球目戦術
パターン 4

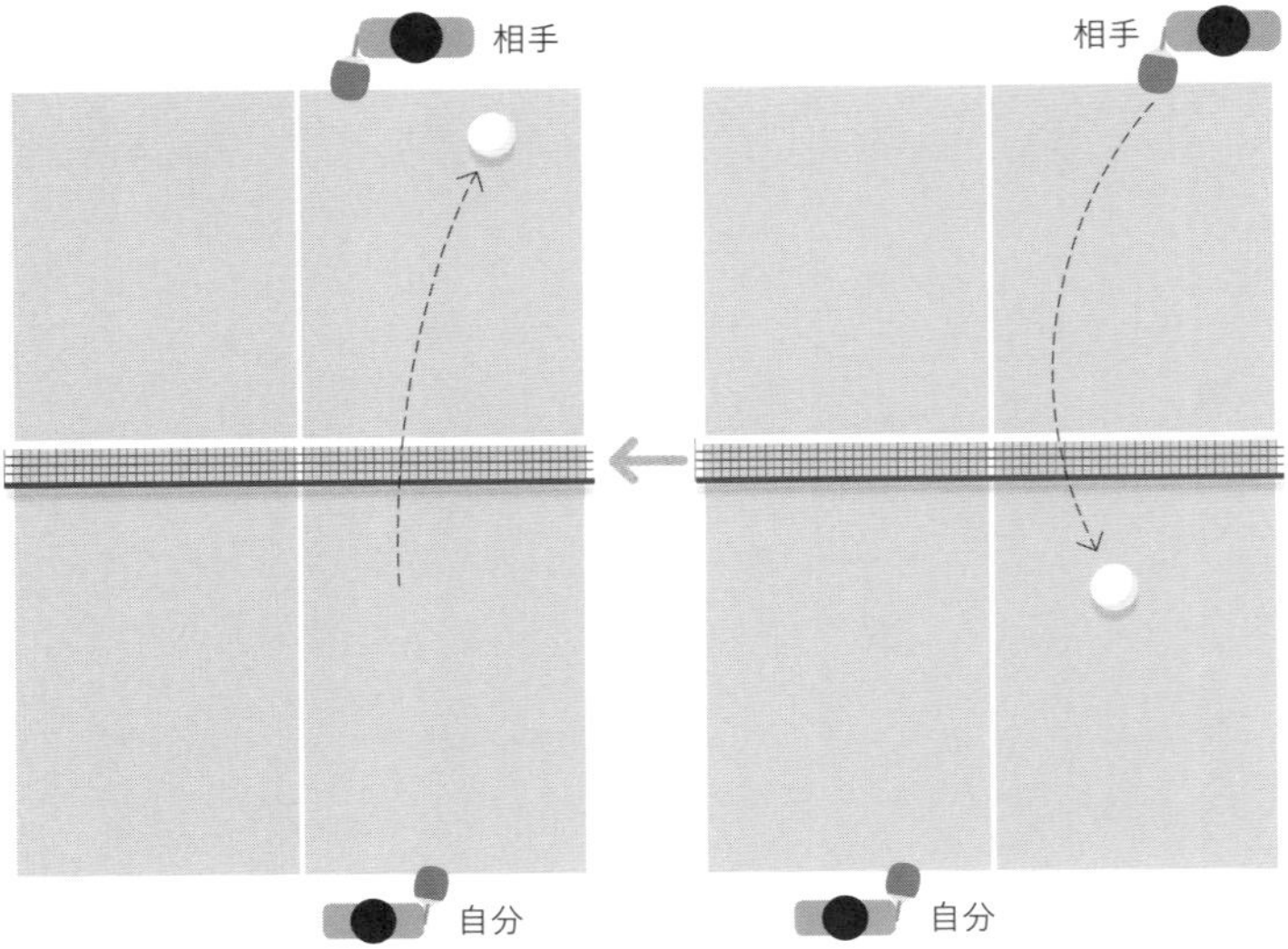

フォア前に来たボールを
ツッツキで相手のバック側にレシーブする

相手が逆横回転のショートサーブを
フォア前に出してくる

●戦術の狙いとポイント

ツッツキとブロックを使って相手の攻撃を防ぎつつ、ラリーにつなげる4球目戦術パターン。相手の逆横回転に対してツッツキでレシーブすることで、相手の3球目をバック側に誘導する。それを想定し、4球目をストレート方向にブロックしてラリーにつなげる。良いブロックをすることでその後のラリーを有利に持ち込むことができる。リスクをかけて攻めるより、確実に守ってから攻めたい時に有効。

for intermediates

中級者向け4球目戦術

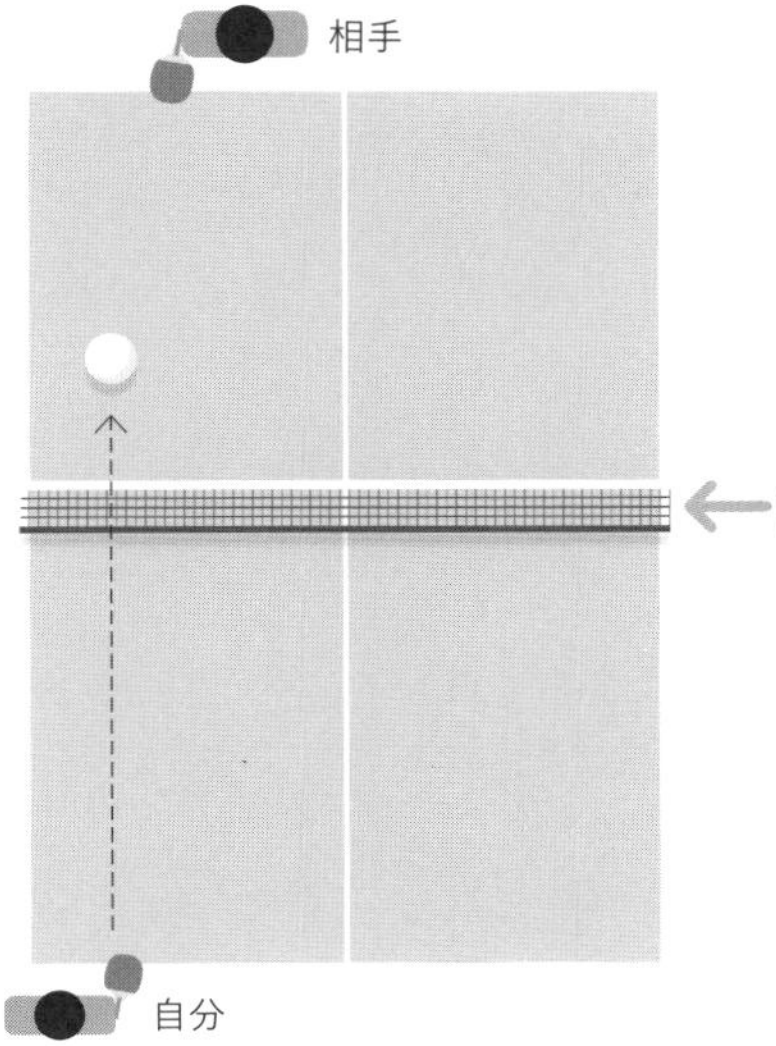

クロス方向に返ってくることを想定し、
リスクを避けてブロックでストレートに返して
ラリーに持ち込む

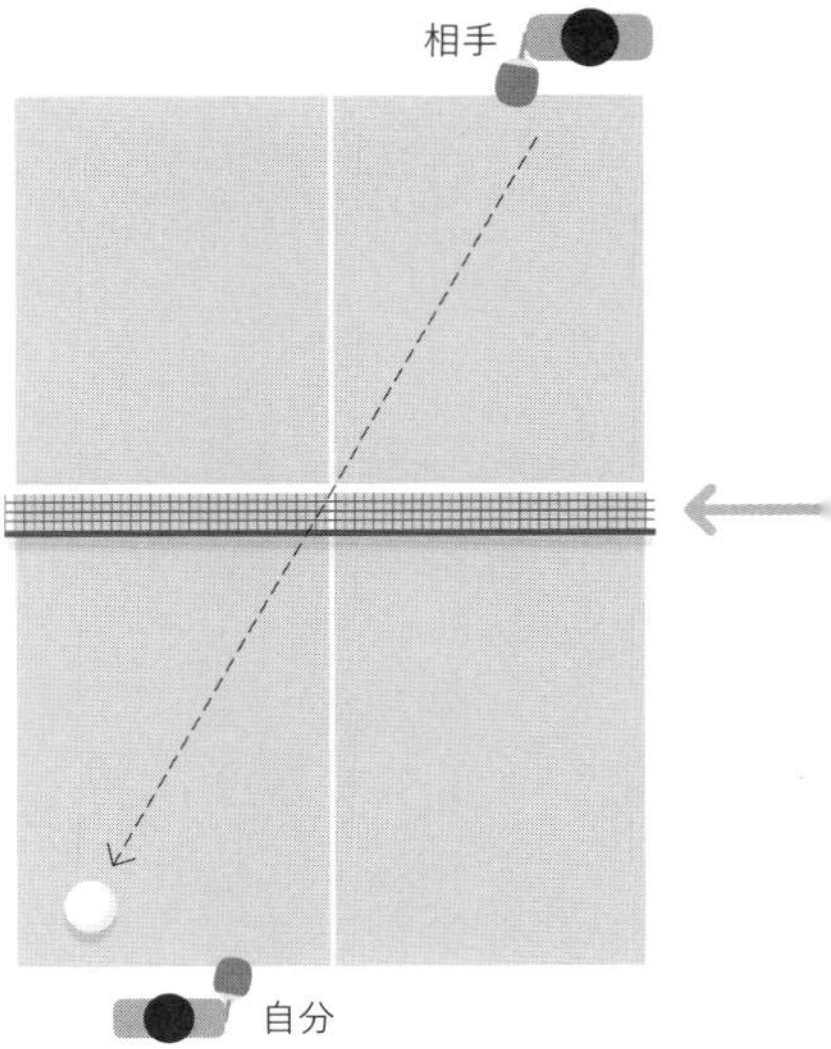

相手がバックハンドで3球目を
クロス方向に返してくる

注意点

ポイントになるのは、レシーブのツッツキの精度と3球目のブロックの精度。特に良いレシーブができなければ相手の3球目攻撃を受けてしまうので、日頃の練習でレシーブの技術を上げておくことが何よりも重要になる。

4球目戦術
パターン 5

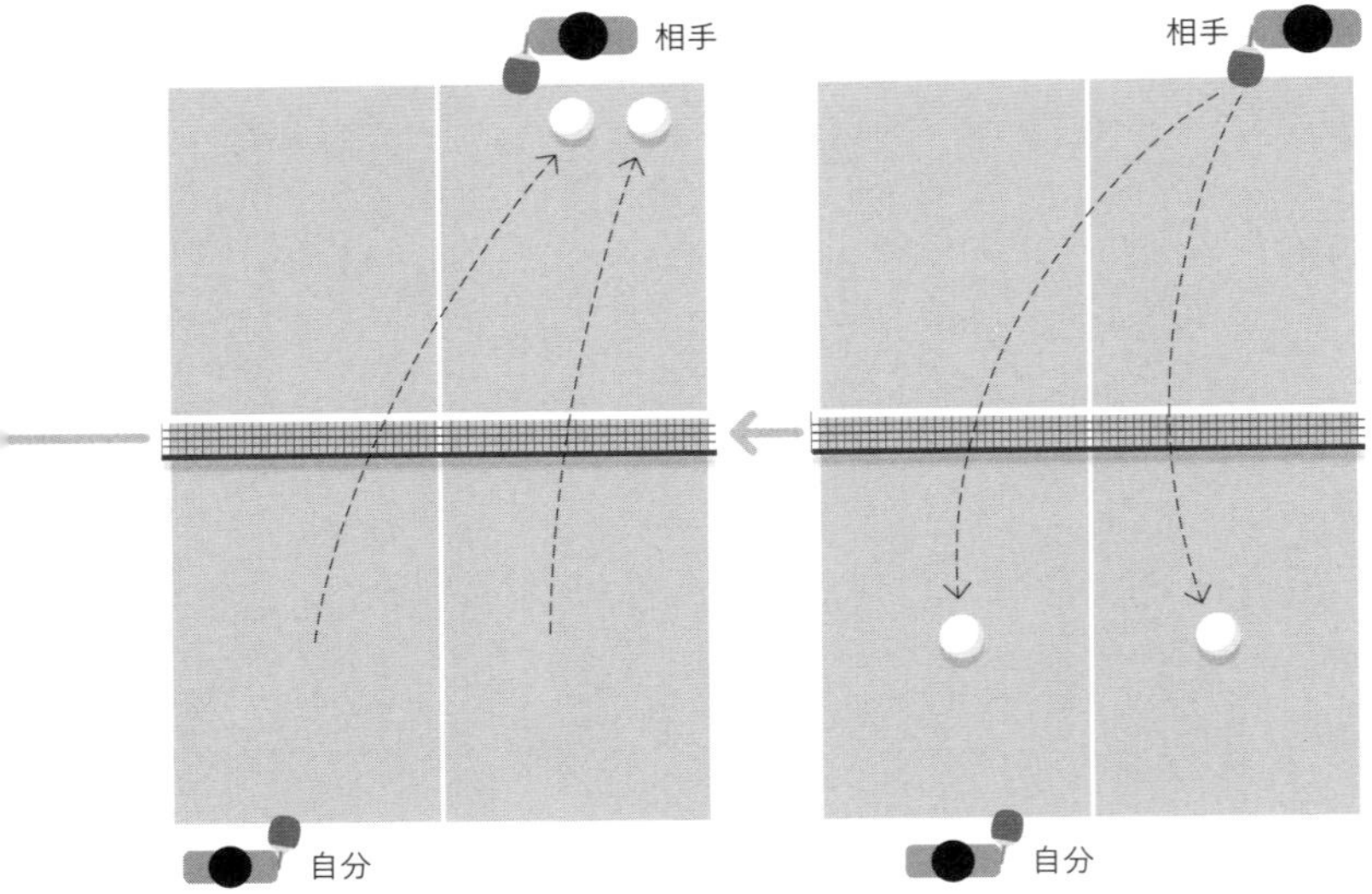

相手のミスを見逃さず、相手のバック側に
ループドライブでレシーブする

ショートサーブを出すつもりだった相手が
ミスしてハーフロングのサーブを出した

●戦術の狙いとポイント

相手のサーブミスを見逃さないことがポイントとなる4球目戦術。ショートサーブがハーフロングになったミスに対し、すかさずループドライブでレシーブ攻撃。攻められたことで相手はブロックでクロス方向に返してくる確率が高くなるので、それを想定して4球目はバックハンドで強打する。レシーブから攻め続けることができるので、4球目で得点が取れなくても、その後のラリーで優位に立てる。

for intermediates

中級者向け4球目戦術

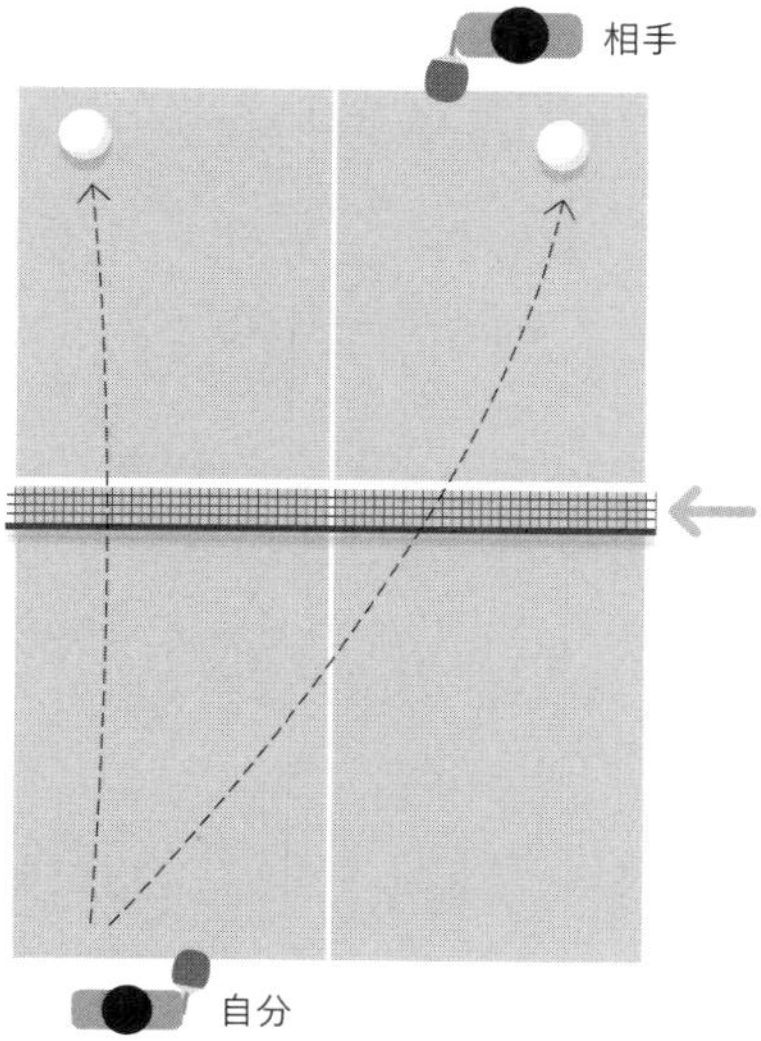

クロス方向に返ってくることを想定し、
バックハンドで強打。打ちやすい方向に
4球目攻撃を仕掛ける

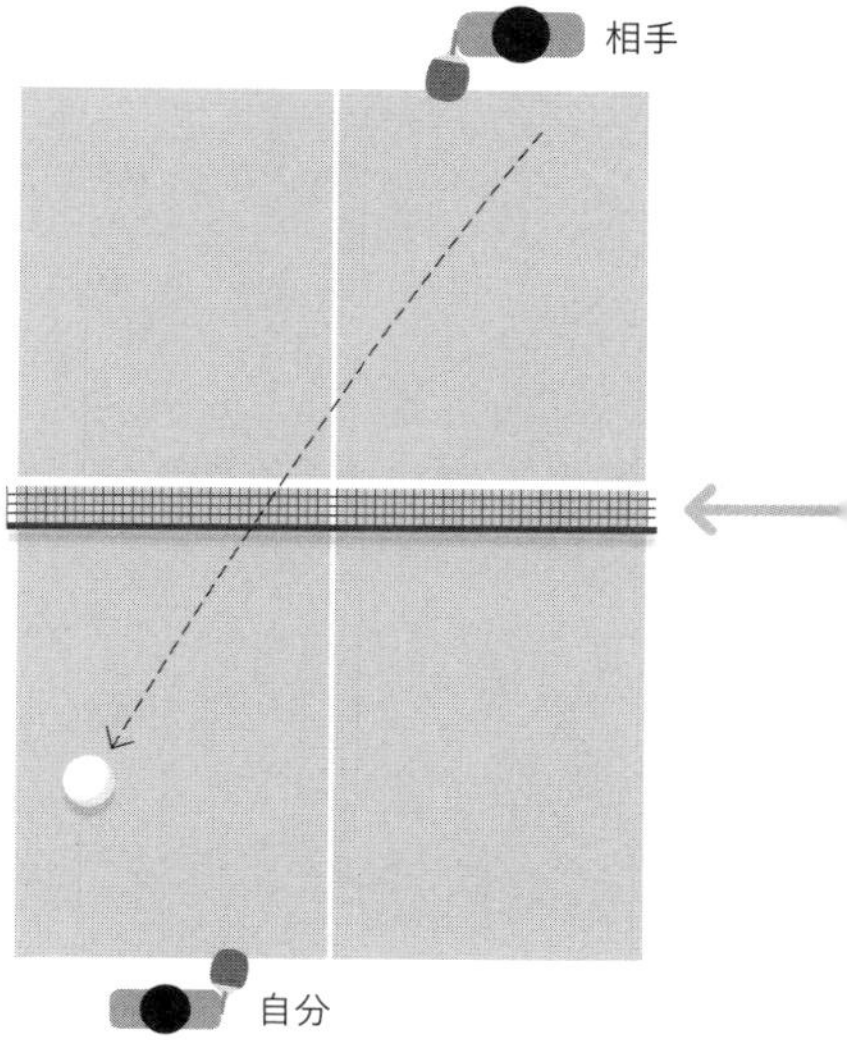

レシーブ攻撃を受けた相手が
ブロックでクロス方向に3球目を返してくる

注意点

相手のミスによるハーフロングのサーブを見逃さず、レシーブで攻撃を仕掛けられるかが最大のカギ。サーブの見極めは、ボールの回転だけでなくサーブの長さも重要なチェックポイントになる。その習慣を身につけておく。

4球目戦術

パターン6

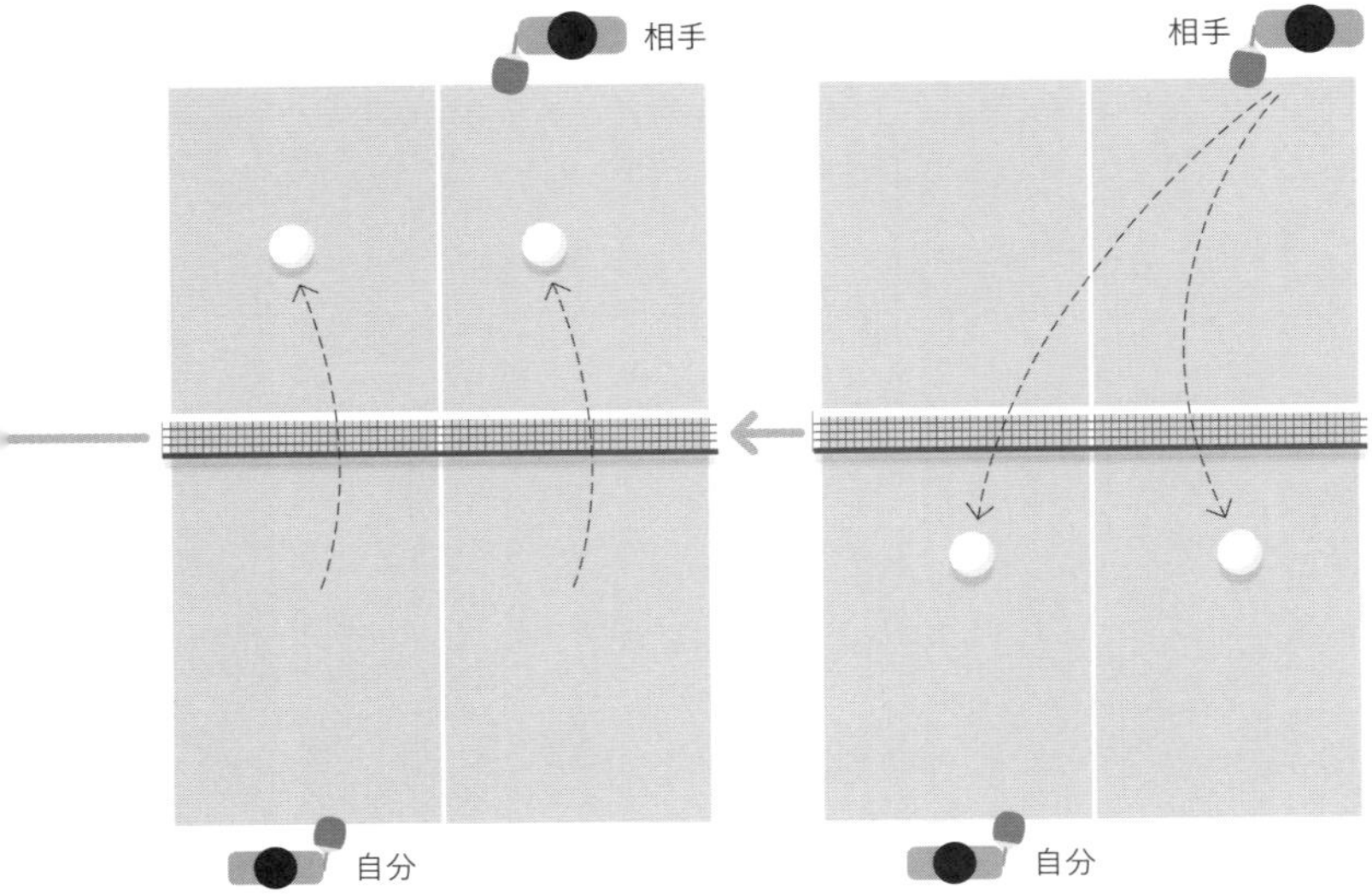

ストップでレシーブをしたところ、
上手くいかずハーフロングになってしまった

相手が下回転ショートサーブを出してくる

●戦術の狙いとポイント

意図しないレシーブをしてしまった後に挽回するための4球目戦術。相手の下回転ショートサーブをストップで返す時、ハーフロングになってしまう場合がよくある。相手は当然3球目攻撃を仕掛けてくるが、そこで焦ってブロックで対応するのではなく、相手のループドライブを予測して4球目でカウンター攻撃を仕掛ける。ブロックで返すと引き続き相手に攻められるが、カウンターを仕掛けると形勢を逆転できる。

for intermediates

中級者向け4球目戦術

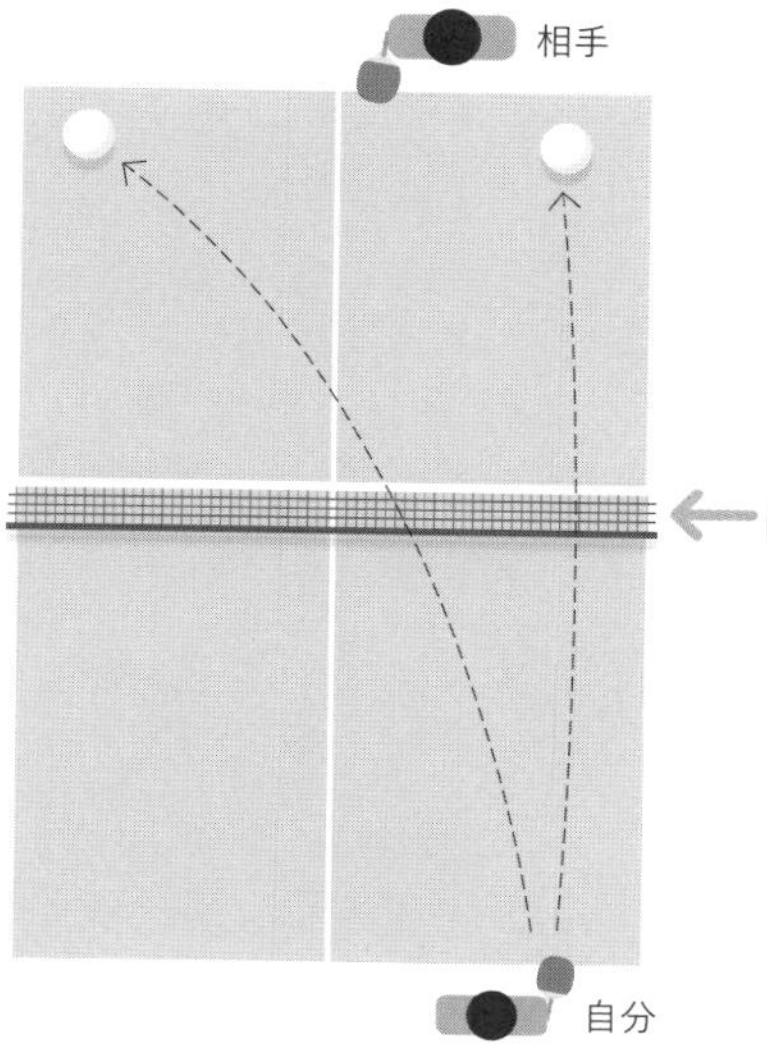

焦らずに相手のループドライブを予測し、
4球目をフォアハンドの
カウンタードライブで攻撃し返す

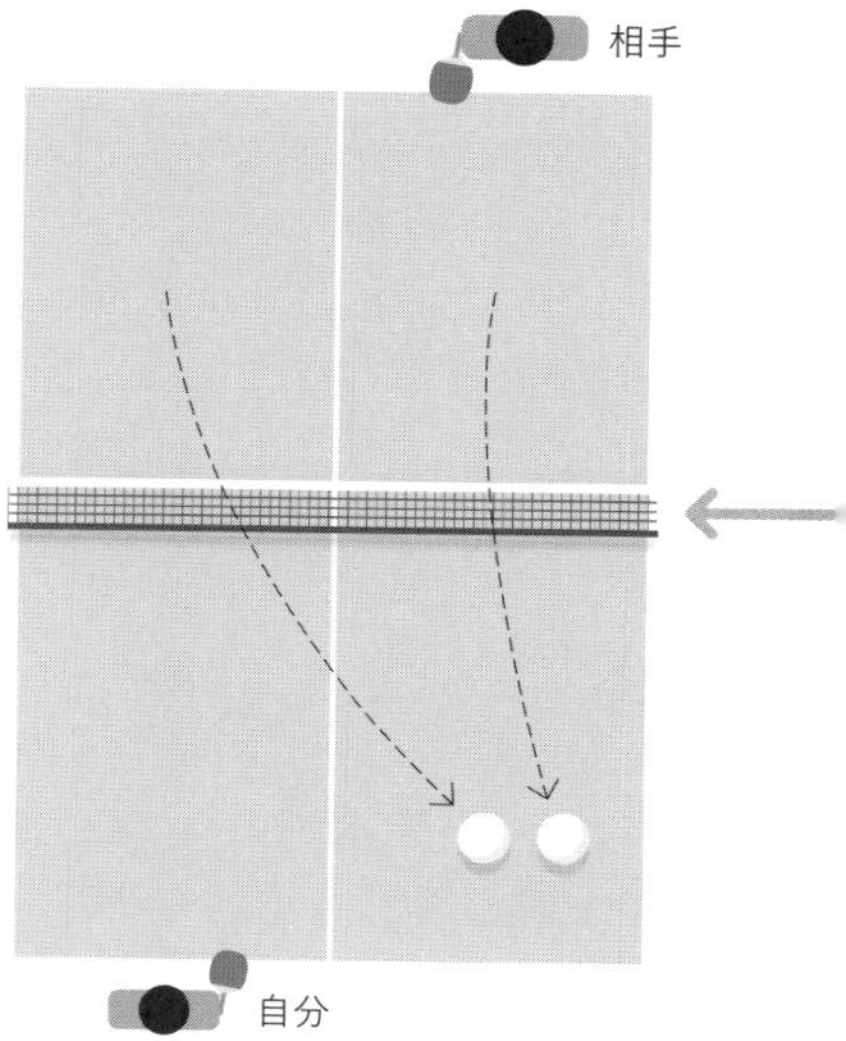

相手がハーフロングを見逃さず、
ループドライブで3球目攻撃を仕掛けてくる

注意点

ストップレシーブがハーフロングになることをあらかじめ頭に入れておくことが重要。それを想定していれば焦る必要はないので、相手の 3 球目攻撃を予測してカウンターを仕掛けることができるはず。後手に回らない術を身につけておこう。

4球目戦術

パターン 7

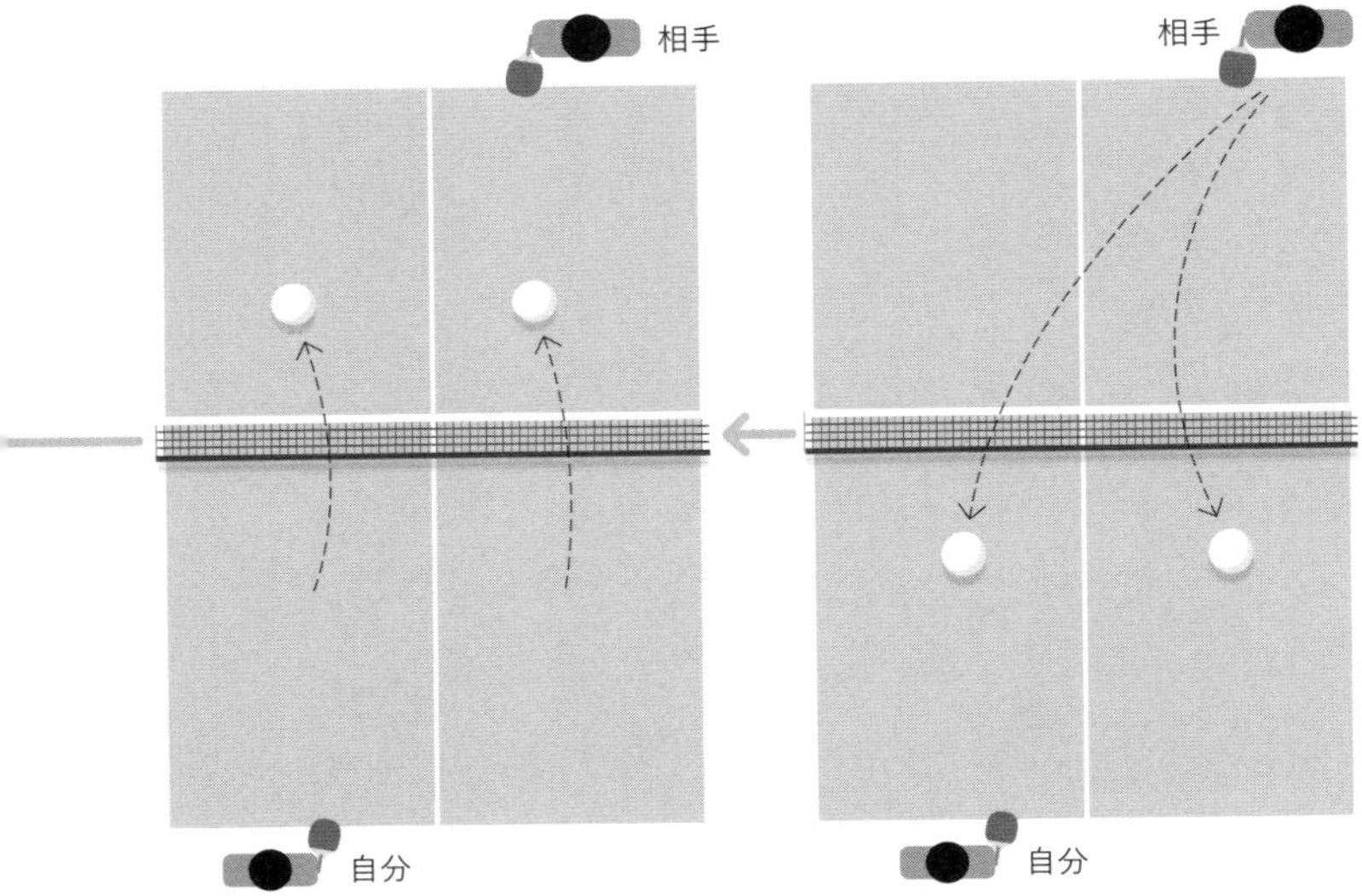

相手が下回転ショートサーブを出してくる

狙いどおりの場所に
ストップレシーブを返すことができた

●戦術の狙いとポイント

戦術パターン6と違い、ストップレシーブが成功した場合の4球目戦術。相手の下回転ショートサーブを狙いどおりにストップレシーブしたことで、相手は3球目攻撃を仕掛けられず、安全策のツッツキでバック側に返してくる。それを予測し、4球目はバックハンドで打ちやすい方向に強打して攻めに転じる。精度の高いレシーブが返せれば相手の3球目攻撃を防ぐことができるという、レシーブ側にとっての理想的展開。

for intermediates

中級者向け4球目戦術

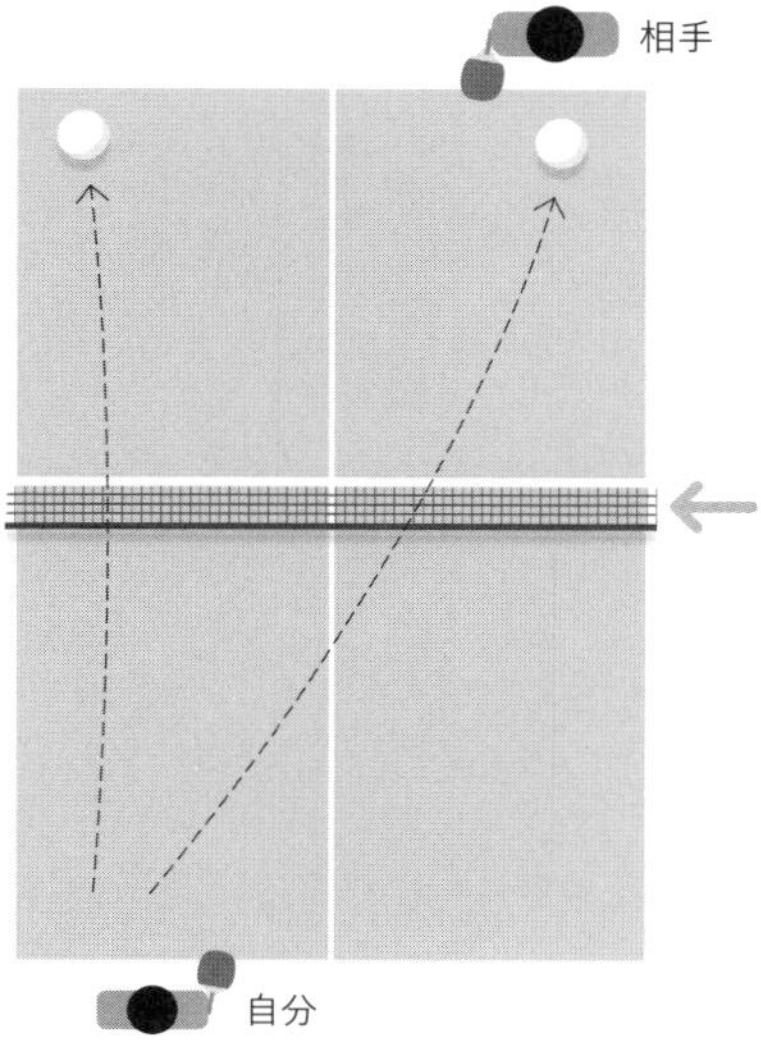

相手がツッツキでバック側に
返してくることを想定し、バックハンドで
打ちやすい方向に4球目攻撃を仕掛ける

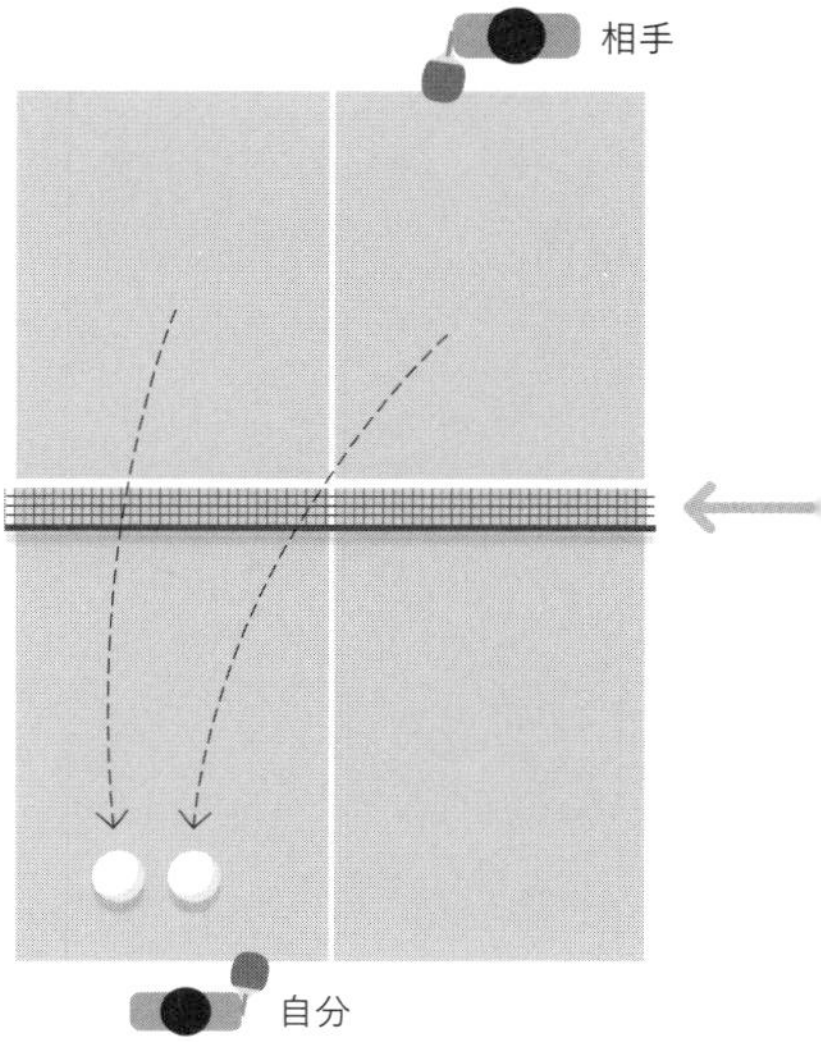

相手がツッツキでバック側に
3球目を返してきた

注意点

最大のポイントは、いかに精度の高いレシーブを返せるかどうかにかかっている。これはレシーブ側に回った時に共通するポイント。また、レシーブ後に素早く戻ることも重要なカギで、それによって4球目攻撃の質も変わってくる。

4球目戦術

パターン8

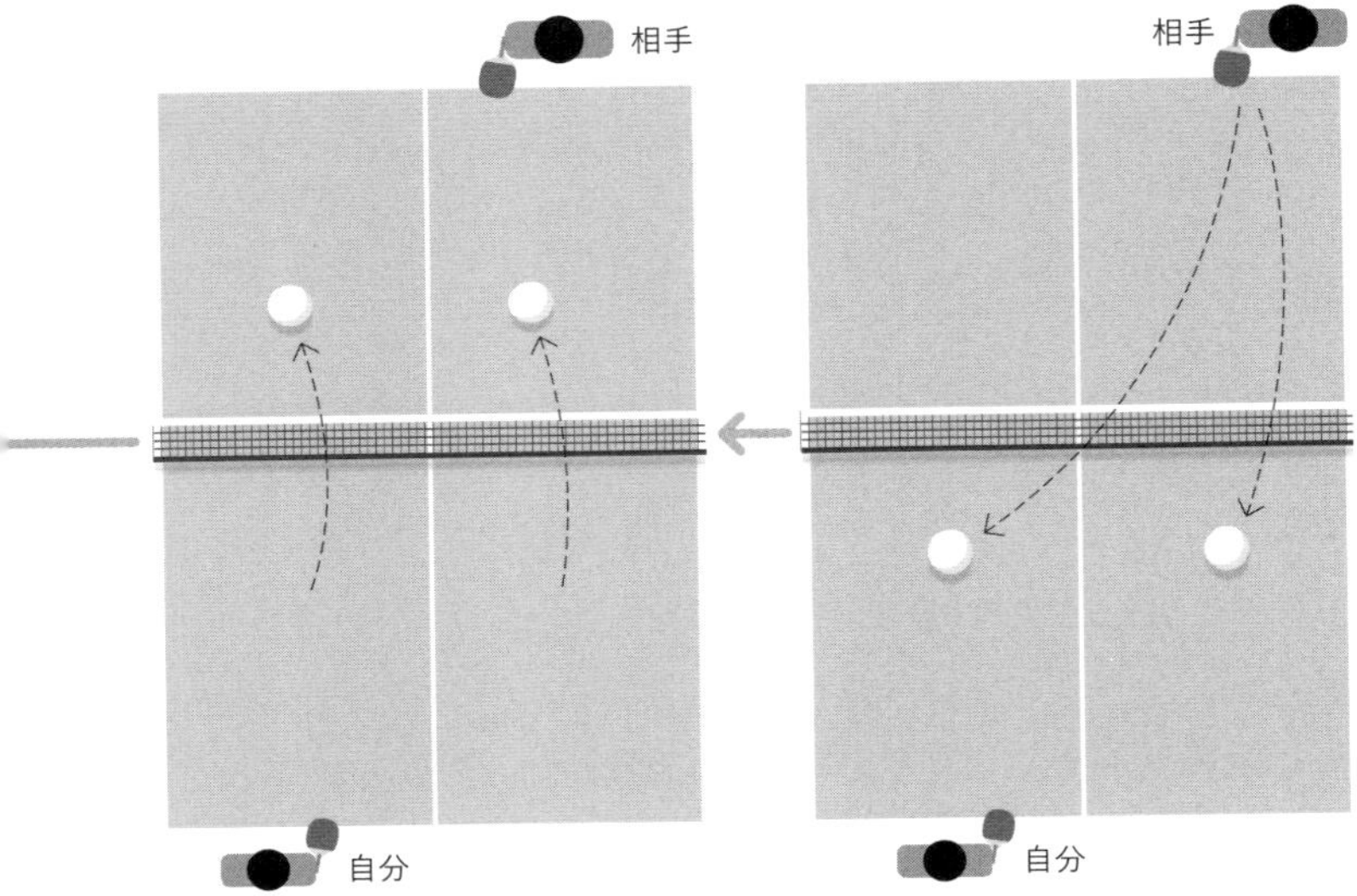

相手が順横回転の
ショートサーブを出してくる

狙いどおりの場所に
ストップレシーブを返すことができた

●戦術の狙いとポイント

ストップの打ち合いから脱して、フリックで先に攻撃を仕掛ける上級者向けの4球目戦術。相手の順横回転のレシーブに対し、ストップレシーブをする。相手もストップで3球目を返してくることを想定し、フリックを使って先に4球目攻撃を仕掛けることで、その後のラリー展開を有利な状態で進めることができる。横回転のボールをストップで返すこと自体、難易度が高い。上級者同士の試合ではよくあるパターン。

for advanced players

上級者向け4球目戦術

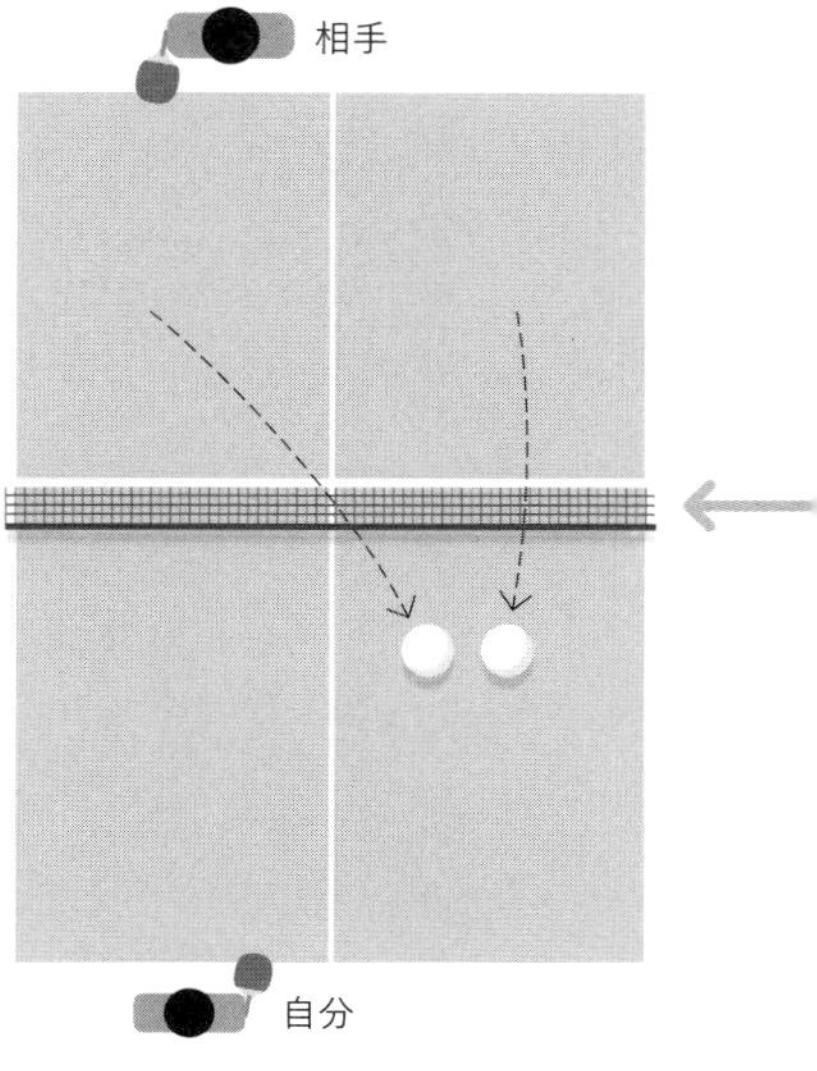

相手もストップで
フォア側に3球目を返してきた

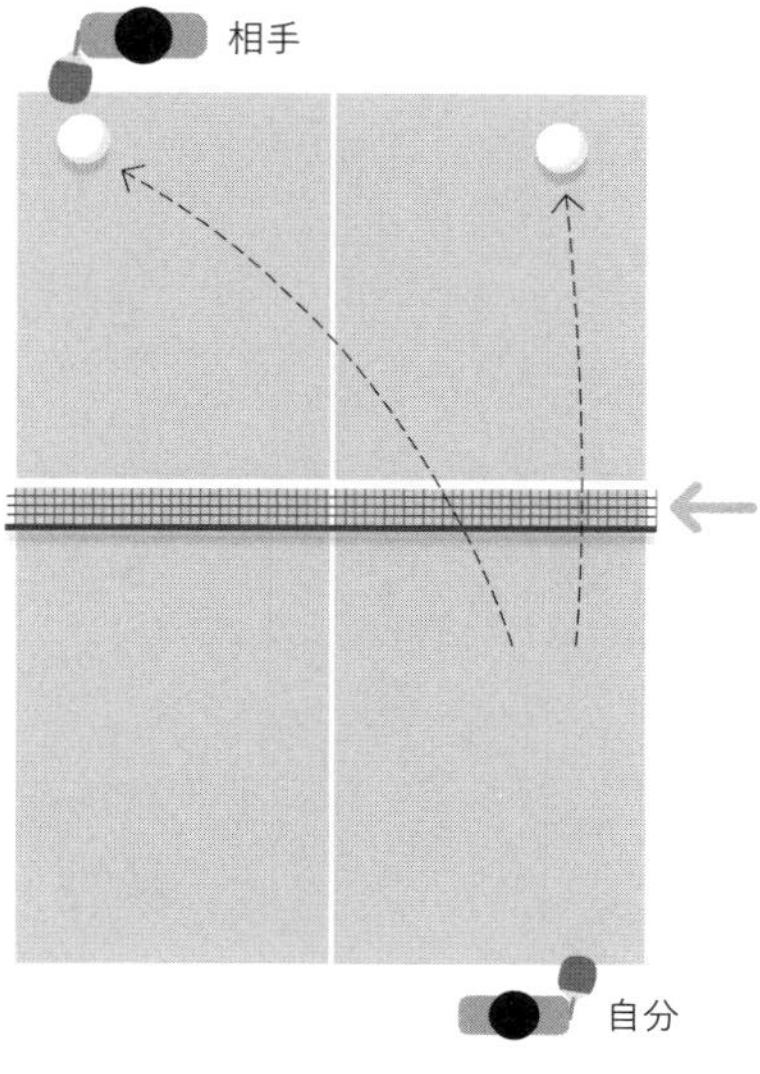

それを想定し、
フリックを使って自分から先に
攻撃を仕掛ける（方向は自由）

注意点

4球目のフリックはなるべく強く返し、相手の5球目攻撃を防ぐことが重要になる。また、台上でストップしてから再び台上でフリックをするためには、打球後の戻りや前後のフットワークを素早く行うことがポイントになる。

4球目戦術

パターン 9

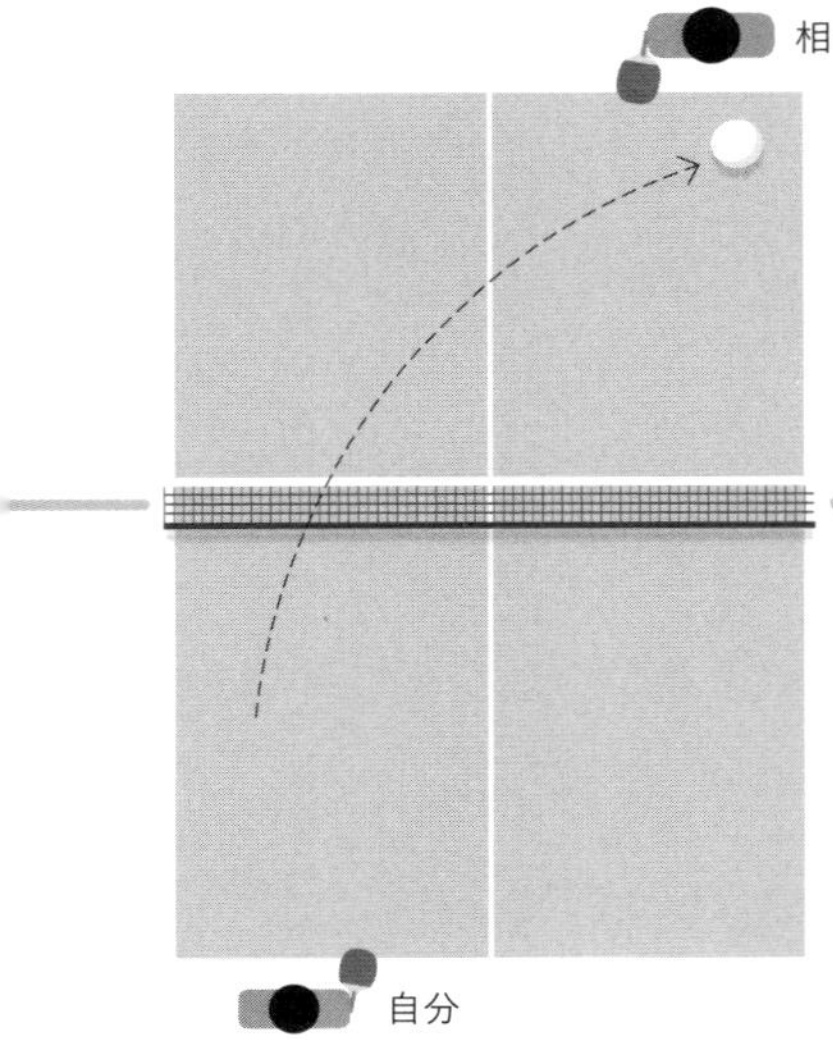

チキータで相手のバック側に
レシーブを返す

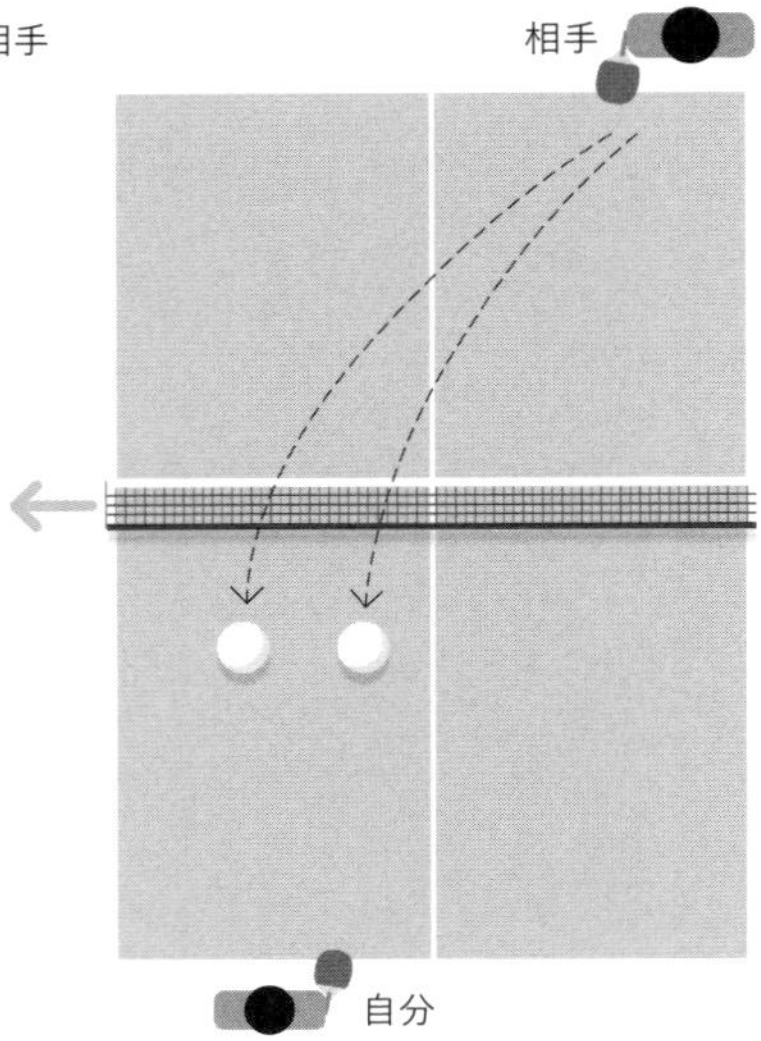

相手が下回転のショートサーブを出してくる
（下回転以外の回転でも同様）

●戦術の狙いとポイント

チキータレシーブが多い最近の卓球では典型的な展開の4球目戦術。相手が下回転、または他の回転のショートサーブを出してくる。それに対し、チキータレシーブでクロス方向にレシーブすると、相手がバックハンドでクロス方向に3球目を返してくるので、それを想定してバックハンドで強打する。4球目攻撃を仕掛け、その後のラリーを有利な展開に持ち込む。チキータレシーブの精度が重要になる。

for advanced players

上級者向け4球目戦術

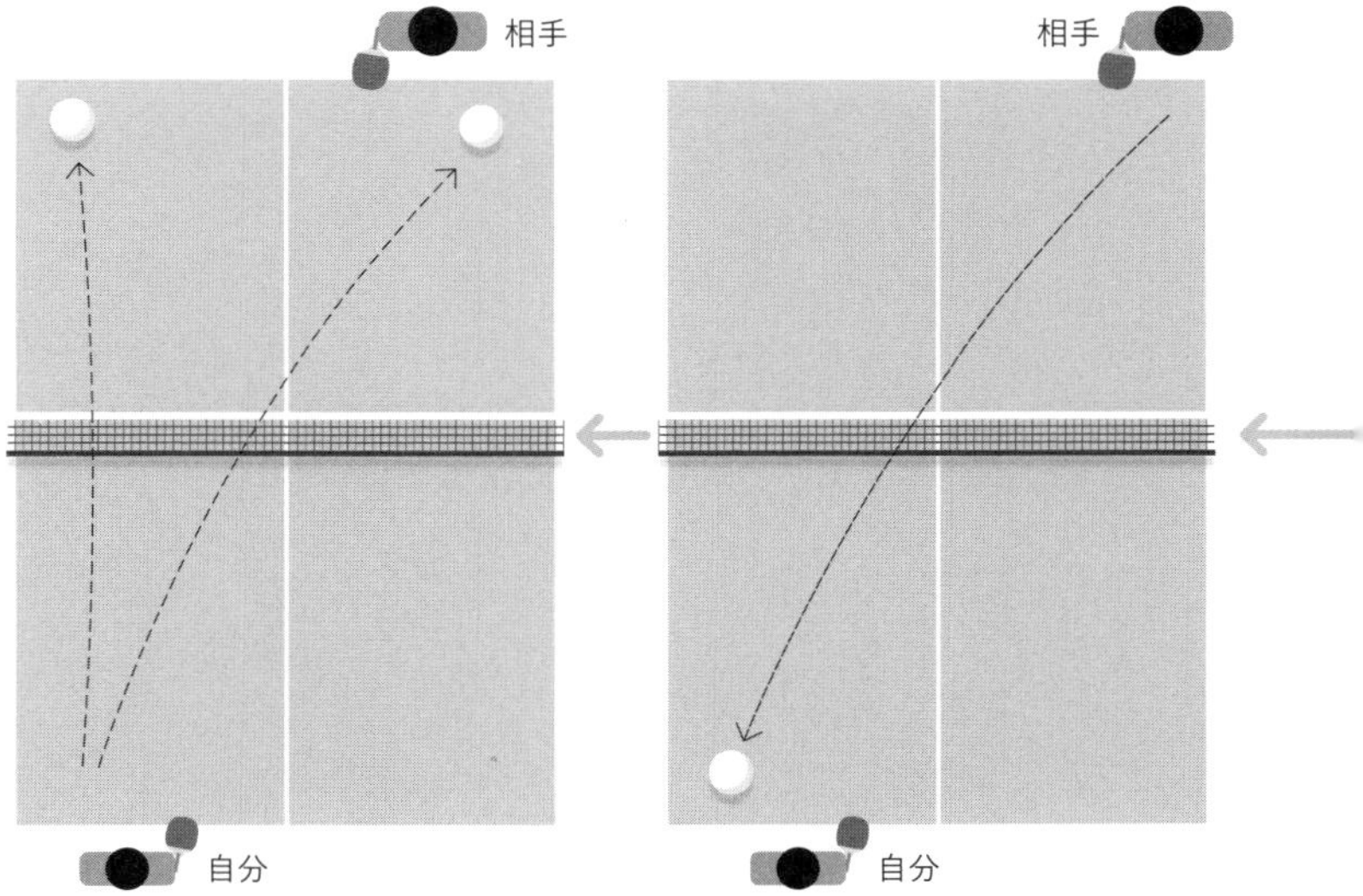

相手がバックハンドでクロス方向に
3球目を返してくる

それを想定し、バックハンドで強打して
4球目攻撃を仕掛ける（方向は自由）

注意点

台の中に入ってチキータレシーブをした後、いかに素早く自分の位置に戻るかがポイントになる。また、基本的にチキータの後は大きな展開のラリーになるので、素早く戻ったうえでいかに良い体勢で4球目を強打できるかが重要になる。

4球目戦術

パターン 10

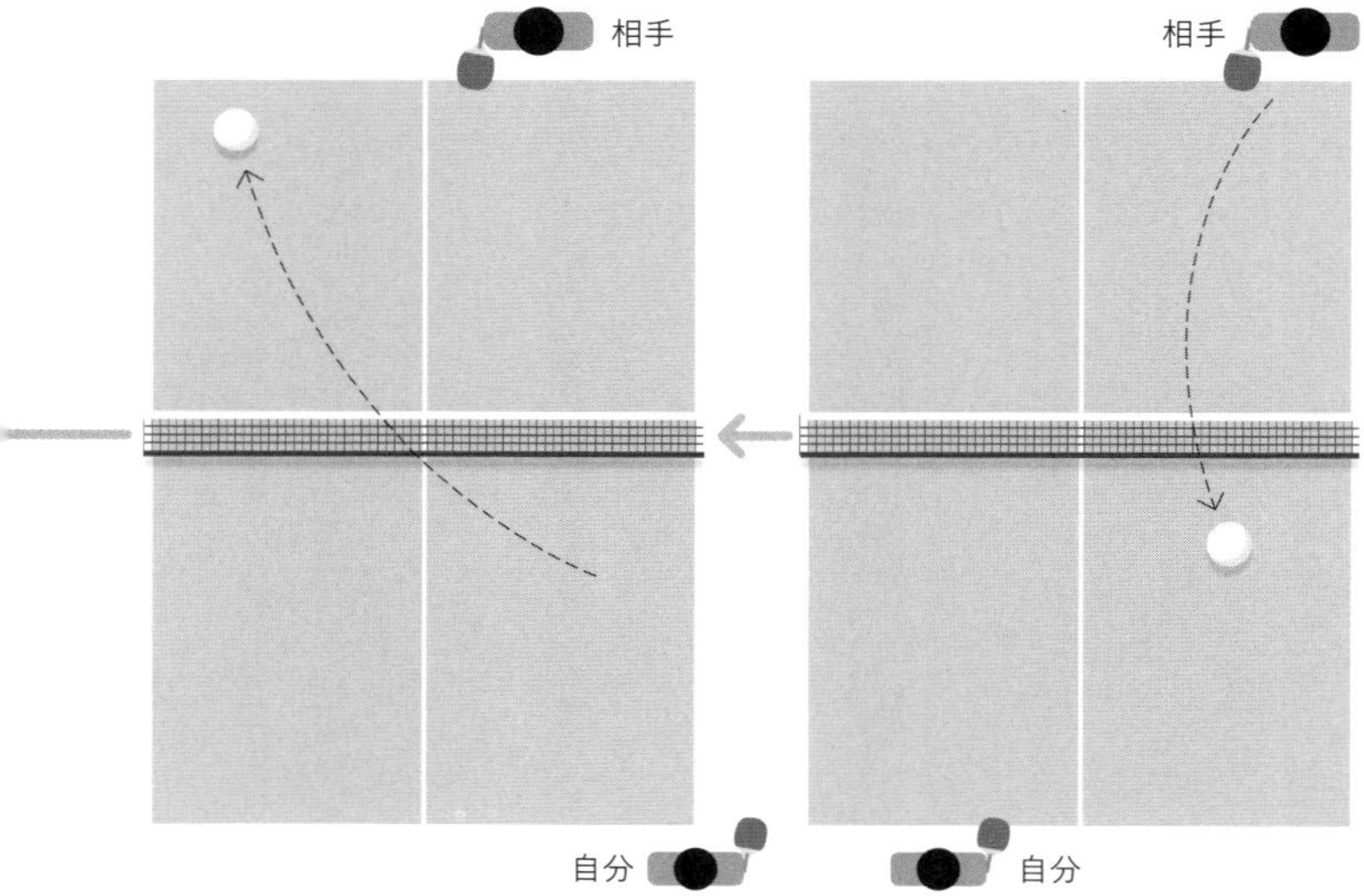

フォア側に来たボールに対し、
チキータで相手のフォア側にレシーブする

相手が下回転のショートサーブを
フォア前に出してくる
（下回転以外の回転でも同様）

●戦術の狙いとポイント

相手がフォア前にショートサーブを出してくることを予測した上級者向けの4球目戦術。試合展開や相手のサーブの傾向から、フォア前にサーブしてくることを予測。フォア側に来たボールを敢えてチキータで攻撃的なレシーブを返す。すると相手がフォアハンドでクロス方向に返してくるので、それを想定して良い体勢からフォアハンドで強打。4球目攻撃を仕掛けてその後のラリーを有利に持ち込む。

for advanced players

上級者向け4球目戦術

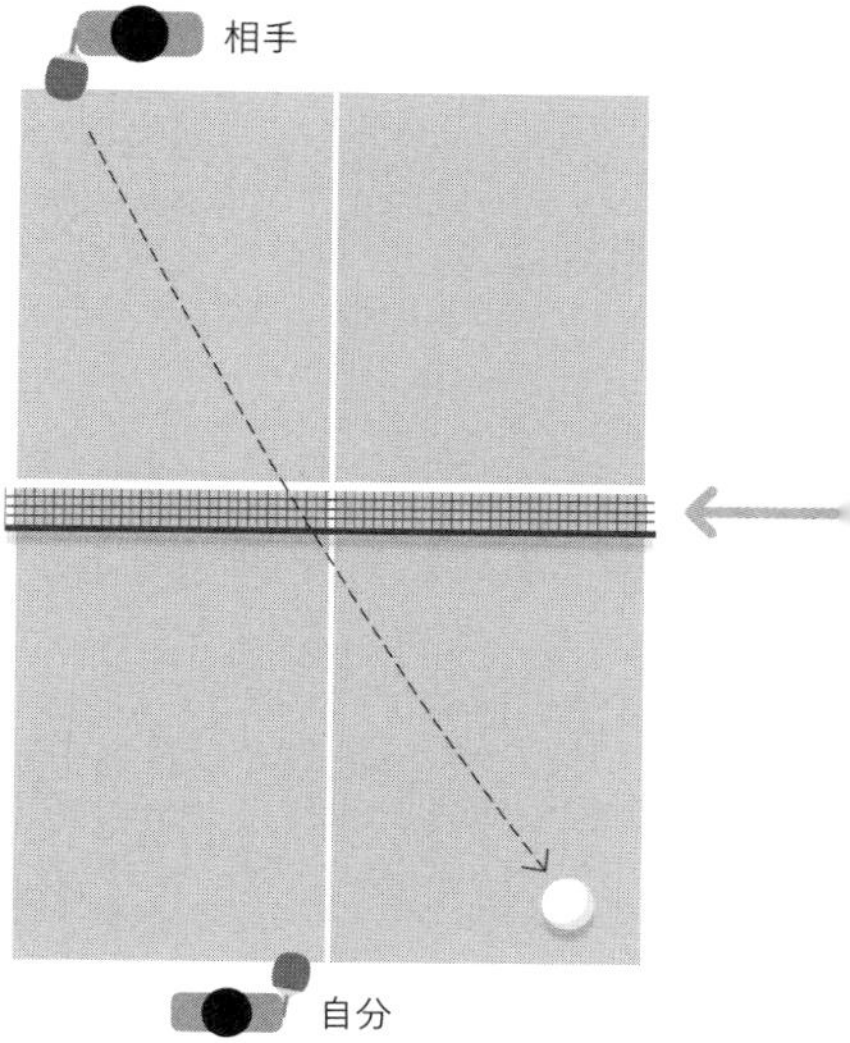

相手がフォアハンドでクロス方向に
3球目を返してくる

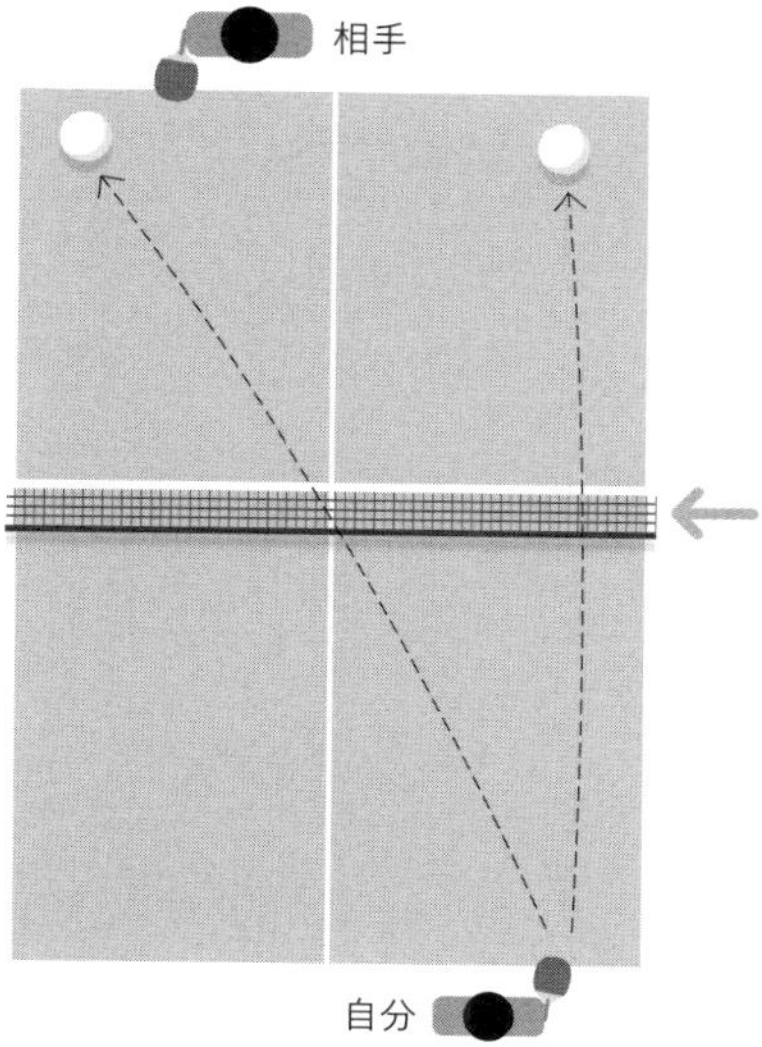

それを想定し、フォアハンドで強打して
4球目攻撃を仕掛ける（方向は自由）

注意点

相手のサーブがフォア前に来ることを予測できるかが最大のカギ。通常はフォアハンドで処理するところを、あえてチキータレシーブをフォア側に返すことで相手を動かし、4球目をフォアに誘導する。上級者同士の試合ではよくある展開。

第6章

ラリー戦術

トップレベルになると長いラリー戦を見る機会は少なくなるが、
しかしラリー戦で得点できるかどうかは勝敗の分かれ目にもなる。
相手よりも1本多く返すためにも、ラリー戦術のカギとして、
ここで紹介する3つのポイントをしっかり頭に入れておこう。

自分が攻める展開のラリーに持ち込むことがキーポイント

テニスやバドミントンと違って、卓球の試合ではラリーの前に得点が決まるケースがほとんどです。特に最近は攻撃型の卓球が主流となっているため、サーブから４、５球目までが勝負と言われています。長いラリー戦は１試合数回程度で、レベルが上がれば上がるほどそれを見る機会は少なくなります。

とはいえ、トップレベルの選手でラリーが苦手という選手はほとんどいません。また、初級者や中級者の場合でも、サーブやレシーブは得意でもラリーは苦手という選手は、なかなか試合で勝てないというのも確かです。

なぜなら、自分がサーブ側の時に相手のねばりの守備によってラリーに持ち込まれると、サーブを苦手とする選手は、その時点で得点をあきらめなければならなくなってしまうからです。相手に「ラリーに持ち込めば勝てる」と思われてしまえば、精神的にもプレッシャーを感じながら戦うことを強いられてしまいます。

そのような状況を避けるためにも、ラリーについてもしっかりとしたテクニックと戦い方を身につけておく必要があります。

まず、大前提として覚えておいてほしいのは、**「ラリー戦になったら、相手よりも1本多く返すことができれば勝てる」**という意識を持つことです。そのうえで、サーブ側の時のラリー戦は相手に主導権を渡さずに攻撃を続け、逆にレシーブ側の時は4、6球目で攻撃に転じ、攻める展開のラリー戦に持ち込むことがポイントになります。少なくとも、守りのラリーを続けているだけではなかなか得点は奪えないので、自分が攻めるラリーに持ち込む必要があります。

そこで、ラリー戦を制するためのコツとして3つのポイントを挙げたいと思います。それは、**「立ち位置とフットワーク」「コース」「最後の手段」**です。では、これら3つについて詳しく説明していきます。

立ち位置とフットワーク

まず、**ラリー時はできるだけ台から下がらない（離れない）**ことが重要になります。

台から下がりすぎると相手に時間的な余裕を与えてしまい、相手の攻撃を受けるかたちの守勢のラリーになってしまうからです。もちろん、相手に強打されると下がらざるを得ませんが、その時の対処法については後に説明するので、ここでは「台から下がらないことが基本」という点をおさえておいてください。

そして、台から下がらないためには、できるだけ打点を早くしてスピーディーなラリー戦を維持し、**逆に相手を台から下げさせる**ことがポイントになります。相手を台から下げさせることができれば、自分が攻撃する展開のラリーとなり、得点のチャンスも広がります。それが、理想的なラリーの展開です。

当然、フォアが得意な選手とバックが得意な選手ではノーマルポジション（基本の立ち位置）が異なります。ただ、最近はチキータレシーブのように、バック側に来たボールはバックで返すスタイルが主流になっているので、台の中央に立ってラリーをする選手が増えています。そういう意味でも、バックが苦手な人も極力バックハンドのスキルを上げて、両ハンド打ちの選手を目指してほしいと思います。

また、つねに良い体勢で打球するためのフットワークも身につけておく必要があります。フットワークが悪い選手は相手の速い攻撃に対する反応が遅れてしまい、良い体勢でボールをとらえることができません。すると、どうしても相手の攻撃を受けやすく、攻めのラリーに持ち込みにくくなってしまうのです。逆に、機敏なフットワークがあれば、どのコースに速いボールが来ても良い体勢で打球できるので、結果的に攻めのラリーをキープしやすくなるはずです。

できるだけ台から下がらず、フットワークを生かして良いポジショニングをとり、良い体勢で打球すること。ラリー戦で優位性を保つために、まずはこのセオリーを覚えておいてください。

コース

ラリーはトップスピンの打ち合いなので、コースとしてはどうしてもクロスが基本になります。ストレートはクロスに比べて距離が短いので、速くてパワーのあるボールをストレートで返すのは簡単ではなく、より高度なテクニックが求められるからです。初級者や中級者の試合であれば、ほとんどの場合、相手はクロスを読んだうえでトップスピンのボールをクロスに打ち返してきます。

そこで、ラリーのどこかのタイミングで、**相手の読みを外してストレート攻撃を狙う**ことが得点を取るためのカギとなります。つまり、ただラリーを続けるのではなく、つねにチャンスがあったらそれを見逃さず、ストレートで勝負を仕掛けるという意識を持ち続けることが重要なのです。

もしストレートが狙えないのであれば、ミドルに返すだけでも相手の打球を甘くさせることにつながります。ミドルは誰にとっても返しにくいコースなので、それもラリーにおいては有効です。

いずれにしても、クロスばかり返しているとラリーの回数だけが増えてしまい、先に相手にストレートを狙われてしまう確率が高くなってしまいます。もちろん無理してストレートを狙ってミスしては意味がないので、ここでは「基本はクロスで返し、チャンスがあればストレート」というセオリーを覚えておいてください。

最後の手段

そうは言っても、どうしても守勢のラリーから抜け出せず、なかなか反撃のチャンスが見つからないというラリー戦もあると思います。特に相手側のサーブで始まったラリーでは、そういったケースがよくあります。

そんな時は、やむを得ず台から下がって相手の強打に対応し、チャンスを待ち続けるしか方法はありません。台から下がることでラリーを継続できれば、もしかしたら相手がミスをして得点を取れるかもしれないからです。

そこでポイントになるのが、台から下がる場合も、前に出てノーマルポジションに戻るチャンスがあったら、必ず台に近づくという意識を持ち続けることです。台から下がれば下がるほど動く範囲が広がってしまうので、必要以上にエネルギーを消耗してしまいます（図9）。なるべくそれは避けたいので、「**台から下がる場合も、チャンスがあれば台に近づく**」ことを忘れないようにしてください。それが、相手にプレッシャーを与えることにもつながります。

図9　卓球台から下がると動く幅も広がる

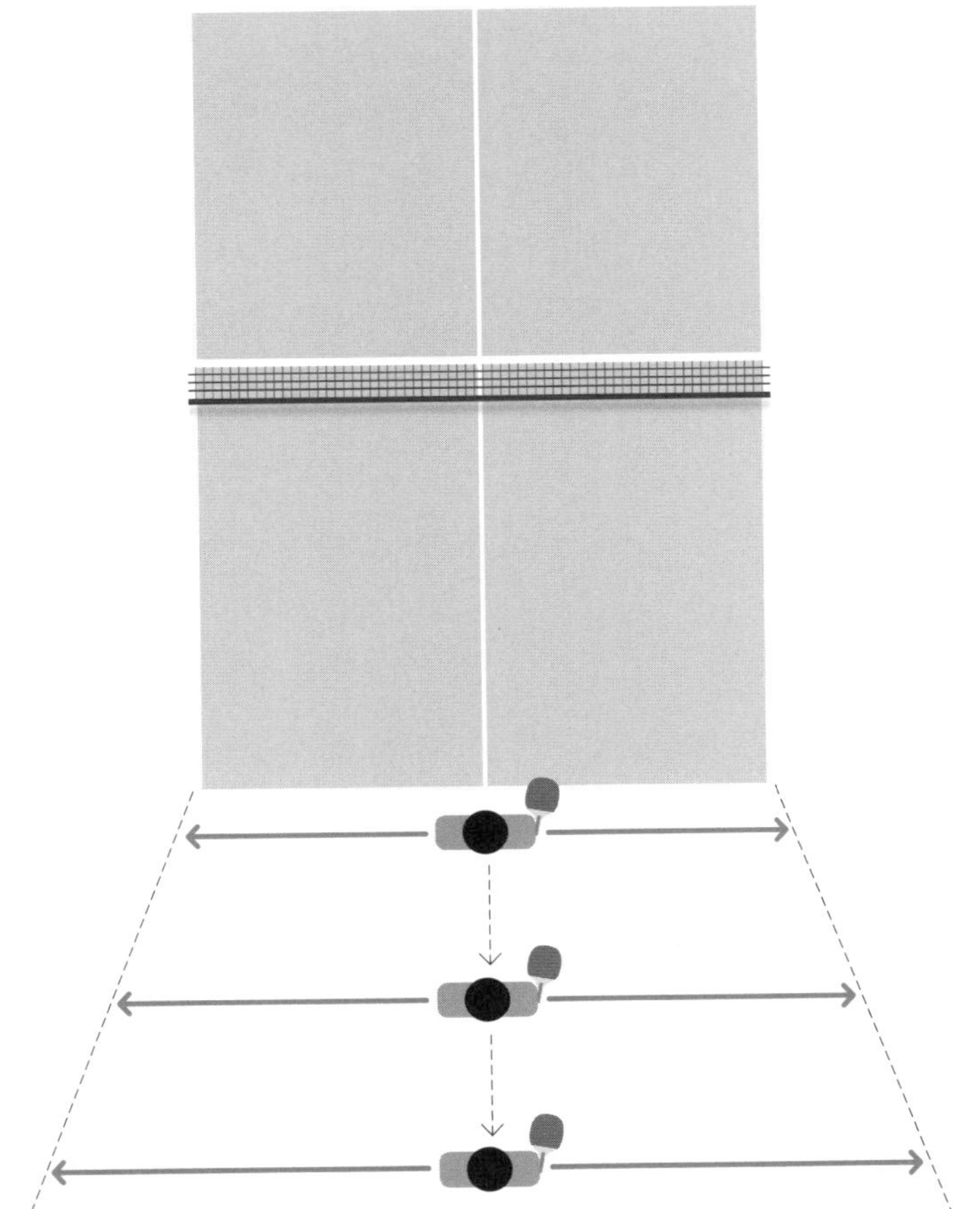

台から下がれば下がるほど動く範囲が広がるため、エネルギーを
消耗する。チャンスがあれば台に近づくことを心がけよう

数少ないラリー戦で得点できるかできないかが勝敗の分かれ目

ラリー戦では、つい本能的に守りに入ってしまい、安全のために台から下がって打球してしまう人が少なくありません。たしかに台から下がればボールは返せますが、それではなかなか得点することはできないことは理解しておく必要があります。

試合のなかで数少ないラリーですが、そこで点を取れるか取られるかが勝敗の分かれ目になることもあります。だからこそラリーをおろそかにせず、しっかりとした戦い方を身につけてほしいと思います。

戦型別攻略法1

VS.シェーク攻撃型

現在の主流となっている弱点の少ない戦型

現在最もポピュラーな戦型で、トップレベルのほとんどの選手がこの戦型にあてはまります。また、用具としてはシェークハンドのラケット両面に裏ソフトのラバーを貼っています。

この戦型の最大の特徴は、フォアとバックの両ハンドからドライブ攻撃を仕掛けることができるという攻撃的なプレースタイルです。これといった弱点が見当たらず、台から下がっても威力のあるボールを打てるなど、いろいろな打球テクニックを発揮しやすいのも強みのひとつと言えます。

もちろん2パターンのバックハンドが打てるペンホルダーと比べると、台上テクニックのバリエーションで劣る部分もありますが、しかしそれも弱点と言えるほどのレベルではありません。それも含めて、シェーク攻撃型が現在の主流になっている理由だと言えます。

勝負どころで相手のミドルを狙ってみる

シェーク攻撃型の特徴として紹介したように、この戦型にはこれといった弱点が見当たらないため、特別に有効な戦い方があるというわけではありません。

しかし、ほとんどの選手がこの戦型にあてはまるなか、それぞれの選手には必ず得意なプレーとそうでないプレーがあります。そこで、試合を行う前に相手の特徴を見極めて、得意なプレーを封じ込め、弱点を突けるような戦術を事前に準備しておくことが重要なポイントになります。

また、全般的にこのプレースタイルの選手はフォアハンドもバックハンドも強いボールを打てるため、ペンホルダーの選手を相手にする時と比べて、ミドルを狙うと効果的です。試合のポイントになりそうな場面でミドルをいかに狙うかが、攻略法のひとつと言えるでしょう。

攻略法三箇条

- その1　相手の特徴を事前に見極める
- その2　得意なプレーを封じ、弱点を突く
- その3　試合の要所でミドルを狙う

戦型別攻略法2

VS.ペンドライブ型

中国式か日本式かによって特徴が変わる

最近はシェークと比べて圧倒的小数派になっているペンホルダーの戦型のひとつ。中国式ペンのラケットの表面に裏ソフトか表ソフトを、裏面に裏ソフトを貼っています。また、日本式ペンの場合は表面だけに裏ソフトを貼ります。

ペンの場合、シェークハンドに似ている中国式ペンを使っているか、片面しかラバーを貼らない日本式ペンを使っているかによって、特徴が変わります。

中国式ペンは、ラケットの形状がシェークに似ているように、両ハンドを使いこなす攻撃的なスタイルの選手が多く、大きな弱点は見当たりません。また、シェークよりもフリックやチキータといった台上テクニックを発揮しやすい特徴があります。

それに対して、日本式ペンの場合は表面しかラバーを貼っていないため、フォアハンドに強みがある一方、バックハンドに弱点を抱えています。そのため、この戦型の選手にはほとんどをフォアでカバーするためのフットワークが求められます。

中国式ペンには台上技術を使わせない

中国式ペンを使う選手は、フリックやチキータなど台上テクニックを駆使し、強いバックハンドを持っている選手が多いです。そのため、ペンドライブ型で中国式ペンを使う選手と対戦する時は、ドライブを上手く使ってなるべく台上テクニックを使わせないような戦術を立てる必要があります。

一方、日本式ペンを使う選手と対戦する時は、強力なフォアハンド攻撃を持っている選手が多いので、いかにそれを封じ、相手のバック側を攻撃するかが勝つための重要なポイントになります。もちろん相手も自分の弱点をわかっているので、コート全体をフォアでカバーするためのフットワークを駆使して対抗してくるでしょう。それを想定して、相手を前後左右に動かしながら、フォアでカバー仕切れないようなバリエーション豊かな攻撃を仕掛けることが、有効な戦術となります。

攻略法三箇条

- その1 **中国式ペンの台上技術を封じる**
- その2 **日本式ペンの強いフォアを警戒する**
- その3 **日本式ペンのバック側を攻略する**

戦型別攻略法3

VS.カット主戦型

近年のカットマンは攻撃力を兼ね備える

一般的にカットマンと呼ばれるプレースタイルの選手にあたる戦型です。用具としては、シェークハンドの表面に裏ソフト、裏面に表ソフトもしくは粒高のラバーを貼っています。

この戦型の最大の特徴は、どんなボールでも相手コートに打ち返す堅い守備をベースにしながら、相手のミスを誘って得点につなげるプレースタイルです。

ただし、最近のカットマンの傾向として、強力なフォアハンドを武器にしている選手が多く、従来のような守備一辺倒のタイプは減ってきています。少しでも隙があれば積極的に攻撃を仕掛け、攻撃型の相手と対戦しても攻め勝つことができる選手が増えています。そういう意味で、近年のカット主戦型は進化していると言えるでしょう。

試合でカット主戦型の選手と対戦する時は、そのことをしっかり頭に入れて戦術を組み立てる必要があります。

相手を前後に動かすことがポイントになる

カットマンと対戦する時にカギとなるのは、その高い守備力を打ち破るだけの攻撃を続けられるかどうかにあります。少しでも守備的になれば相手の思うツボになるので、とにかく攻め勝つことが重要になります。

そのためには、いかに相手を前後に動かすかがポイントになります。たとえば、ドライブを1本打った後にツッツキを使えば、相手を前後に動かすことができます。前後に動かすことができれば相手は良い体勢でボールを打てなくなるので、必ず攻撃のチャンスが生まれるはずです。

逆に、左右に打ち分けるだけでは相手はほとんど動かないで済むので、つねに良い体勢で打球することができます。それこそがカットマンが求めている展開なので、それを回避するための戦術が攻略のポイントになります。

攻略法三箇条

- その1 攻撃力を兼備するカットマンに注意
- その2 カットマンには最後まで攻め続ける
- その3 相手を左右ではなく前後に動かす

戦型別攻略法4

VS.シェーク異質型

伊《い》藤《とう》美《み》誠《ま》選手に代表される数少ない戦型

最近の男子でこの戦型にあてはまる選手はほとんど見かけなくなりましたが、女子では伊藤美誠選手がこのプレースタイルにあてはまり、減少気味ながらまだわずかに存在しています。用具としては、シェークハンドの表面に裏ソフトを貼り、裏面に表ソフトを貼っています。

万能型の裏ソフトと違い、表ソフトはスピードもあまり出ず、スピンをかけても回転量が少ないという性質があり、伊藤選手のような並外れたテクニックの持ち主でなければ使いこなすのがとてもむずかしいという特徴があります。

逆に、ラリー中に表ソフト（バックハンド）を使うことによってスピードの変化や豊富な種類の回転を作り出すことができるため、相手のミスを誘いやすいという強みがあります。また、シェーク異質型はその絶対数が少ないので、相手にとっては対戦機会も少なく、とてもやりにくさを感じるという傾向があります。

相手を台から下げさせてバック側を攻める

相対的に表ソフトは安定しにくいラバーなので、ミスが増えてしまうという性質があります。

それだけに、表ソフトのボールの変化に対応したうえで、しっかり回転をかけたボールで攻め続けることができれば、最終的には安定性の低い表ソフトを使うシェーク異質型のほうにミスが増えることは確実です。そういう意味でも、まずは相手の表ソフトのボールにしっかり対応することが最初のカギとなります。

とにかくシェーク異質型は台から下がるとバックハンドの攻撃力が一気に低下してしまうので、いかに相手を台から下げさせるかが試合に勝つための重要なポイントになります。相手を台から下げさせることができれば、相手のバック側を集中的に狙うことで得点につなげることができるはずです。

攻略法三箇条

- その1　表ソフトのボールの変化に対応する
- その2　相手を台から下げてプレーさせる
- その3　相手のバック側を集中的に攻める

戦型別攻略法5

VS.ペン異質型

絶滅しつつある圧倒的小数派の超攻撃型

以前はアジアでよく見かけましたが、最近はほとんど見なくなってしまった圧倒的小数派の戦型で、中国式ペンの表面だけに表ソフトを貼るケースと、表面に表ソフト、裏面に裏ソフトを貼るケースがあります。

表ソフト最大の強みは、裏ソフトよりスマッシュが打ちやすい点にあります。また、表ソフトは初速が速いものの相手コートで失速するので、この戦型の選手はつねに台の近くで相手に時間を与えず、速い打点で攻撃し続けます。その連続攻撃がハマれば爆発的に得点する力を秘めているため、超攻撃的なスタイルと言えます。

逆に、裏ソフトと比べて安定性では確実に劣ってしまう点が最大の弱点になります。特に片面しかラバーを貼らない選手の場合は、バックハンドも表ソフトで対応しなければならないので、スマッシュで攻め続けるためのハイレベルなフットワークが必要とされます。

一定の距離をとって相手を台から下げさせる

表ソフト最大のデメリットは安定性を欠いている点なので、まずはそのことをしっかり頭に入れておくことが大前提になります。ペン異質型は攻撃し続けなければ勝てない戦型なので、受けに回ってしまうと攻められる恐怖を感じてしまうかもしれません。しかし、表ソフトのボールにしっかり対応さえできれば、最終的には安定性で上回る裏ソフトのほうが有利な展開に持ち込めます。

攻略のポイントとしては、表ソフトのボールが失速することを利用し、相手とある程度の距離をとって対応することです。また、相手は台にへばりついて攻め続けようとしますが、少し距離をとって失速したボールを強打して、相手を台から下げさせることも重要になります。相手を下げさせることができれば、ほぼ勝負ありです。もはや安定性を欠くペン異質型に勝ち目はなくなります。

攻略法三箇条

- その1　超攻撃なスタイルを恐れない
- その2　少し距離をとって対応する
- その3　相手を台から下げさせる

【おわりに】

自分なりの目的や目標を持って卓球を続けてほしい

日本における卓球は、ここ数年間で急激に競技人口が増加し、今ではすっかりメジャースポーツのひとつになりました。国民の誰もが知っているスター選手も男女ともに数多く、私が北京五輪とロンドン五輪に出場した時代と比較しても、圧倒的な人気スポーツに成長したことを実感します。

その象徴と言えるのが、２０１８年にスタートした「Ｔリーグ」ではないでしょうか。私は15歳からドイツのブンデスリーガで10シーズンにわたってプレーしましたが、当時は各国のプロ選手も参戦するリーグ戦が日本に誕生するとは想像もできませんでした。

身近なところに目標とする選手やリーグ戦が存在することは、子どもたちにとって大きなはげみになるはずです。このような恵まれた環境を維持できれば、今後も世界卓球や五輪でメダルを狙える日本人選手が増えることは間違いないでしょう。

とはいえ、すべての人がメダルを目指すわけではありません。日本を代表する選手になれる人はほんのひと握りで、ほとんどの人はそれとは違ったかたちで卓球を続けることになるはずです。

大事なことは、レベルを問わずに卓球というスポーツを生涯にわたってプレーし続けることです。自分なりの目的や目標を持って、楽しくプレーするということを忘れないでほしいと思います。

本書では、それを前提としながら、試合に勝つための戦術について詳しく紹介しました。卓球はスポーツなので、勝敗はつきものです。負けて悔しい思いをするよりも、勝って喜んだほうが楽しいでしょうし、勝つことで卓球というスポーツの醍醐味をより強く感じることができるはずです。そのためにも、ぜひ「考えてプレーする」という習慣を身につけてほしいと思います。

この本が「考える卓球」のおもしろさを知ってもらうきっかけとなり、少しでも知識として取り入れてもらえれば嬉しいです。そして、本書が少しでも試合に勝つための手助けになることを願っています。

岸川 聖也

【監修者プロフィール】

岸川 聖也

きしかわ・せいや

1987年5月21日生まれ。福岡県北九州市出身。小学生時代に石田卓球クラブで頭角を現すと、仙台育英秀光中学3年時にドイツに渡ってプレー。その後、10年にわたってブンデスリーガで活躍した。その間も仙台育英高時代にインターハイ男子シングルス3連覇を達成した他、水谷隼選手とのペアで全日本男子ダブルス優勝を果たすなど数々のタイトルを獲得。世界卓球では団体戦も含めると計7個の銅メダルを手にし、2008年北京五輪、2012年ロンドン五輪に出場。ロンドンでは日本男子初のシングルス5位入賞を果たした。2018年に開幕したTリーグではT.T彩たまでプレー。現在はコーチとして活躍するかたわら、日本代表チームのコーチを務める。都内2ヶ所にある「岸川聖也卓球スクール」でも指導している。

【撮影協力】

大矢 英俊

おおや・ひでとし

【撮影協力】

「岸川聖也卓球スクール」有明校

上を目指したい上級者から家族で卓球を楽しみたい人まで、大人も子どもも通える卓球スクール。一般、年少から小学生、ジュニア育成と、さまざまなコースを時間を分けて行い、最適な指導で卓球の上達をサポートしてくれる。コーチ陣には、岸川聖也をはじめ、吉村真晴、大矢英俊など有名選手が多く在籍。有明校の他に、東京都江戸川区に平井校もある。

スクールの詳細は下記 URL にアクセスして確認ください

▶▶▶ https://seiyatts-ariake.com

[STAFF]
編集・執筆　中山 淳（有限会社アルマンド）
写真　小林 司
カバーデザイン　柿沼みさと
本文デザイン・DTP　若松 隆
撮影協力　岸川聖也卓球スクール
株式会社タマス（バタフライ）

パーフェクトレッスンブック

卓球《たっきゅう》 勝《か》つための思考《しこう》と戦術《せんじゅつ》

著　者　岸川聖也《きしかわせいや》
発行者　岩野裕一
発行所　株式会社実業之日本社
〒107-0062
東京都港区南青山5-4-30
CoSTUME NATIONAL Aoyama Complex 2F
電話　03-6809-0452（編集）
03-6809-0495（販売）
ホームページ　https://www.j-n.co.jp/

印刷・製本　大日本印刷株式会社

ISBN978-4-408-33937-5（一般実用スポーツ）

2008(01)